DE

L'ALPHABET UNIVERSEL.

Examen des essais de Ch. de Brosses,
[illegible] de Volney et de M. Lepsius.

La création d'un alphabet universel, et par suite l'établissement de l'unité graphique dans le monde entier, est un des grands problèmes dont notre siècle poursuit la solution avec la plus vive ardeur.

Depuis cinquante ans, missionnaires et philosophes, physiologistes et littérateurs sont à l'œuvre ; de la sphère des recherches isolées, ils passent à celle des travaux collectifs, des sociétés, des commissions, des conférences spéciales. Des milliers de traités et d'essais pratiques ont déjà vu le jour, sans parler des 300 traductions de la Bible, qui ont exigé de leurs auteurs autant de systèmes pour la transcription difficile des noms hébreux et souvent pour la transcription d'une langue tout entière dont les sons n'avaient jamais été représentés par l'écriture. Déjà même, les hommes d'État commencent à comprendre que l'alphabet universel est nécessaire aux transactions politiques et commerciales, à la diffusion des sciences, au progrès de la civilisation occidentale, à la suprématie européenne.

1859

Cependant, si l'on regardait cette aspiration vers l'unité graphique comme un fait nouveau, produit pour la première fois dans le monde par l'esprit et les intérêts de notre époque, on n'aurait qu'une idée incomplète de la grandeur de l'œuvre, des rigoureuses conditions qu'elle impose, et surtout de l'immensité de ses résultats. C'est à ce point de vue partiel et aux erreurs qu'il entraine qu'il faut attribuer, en grande partie, la stérilité des recherches patientes, des ingénieuses combinaisons d'une foule d'hommes instruits et dévoués, de plusieurs savants du premier ordre. Se croyant entrés dans une voie tout à fait nouvelle, ils ont négligé l'expérience des siècles antérieurs; ils ont recommencé inutilement les longs travaux accomplis par leurs devanciers : pour avoir méconnu le passé, ils n'ont pas vu toute la grandeur de l'avenir.

Le problème de la transcription, le désir de l'unité graphique, la recherche de l'alphabet universel sont un même fait, aussi vieux que l'art d'écrire, ils se rattachent d'une manière intime au développement de l'humanité. L'énumération raisonnée des moyens de peindre la pensée et la parole serait, à elle seule, un tableau de l'histoire de la civilisation du monde.

Dès qu'un peuple possédant une écriture quelconque est mis en rapport avec une race étrangère, il se trouve obligé de transcrire un grand nombre de noms de lieux, d'hommes et d'objets nouveaux.

Cette nécessité de transcription a produit dès la haute

antiquité les hiéroglyphes phonétiques, origine première des syllabaires et des alphabets. Les Égyptiens, les Phéniciens, les Grecs, les Romains, ont transcrit tour à tour les noms que les dieux, les héros, les contrées, les nations et les grandes cités avaient reçus dans les principales langues de l'ancien monde. Le désir d'établir parmi les hommes l'unité graphique a toujours été le résultat de la conquête militaire ou commerciale et du prosélytisme religieux. Les prêtres d'Osiris, les navigateurs de Tyr et de Sidon, de Carthage et de Rhodes, les rois successeurs d'Alexandre ont fait adopter leur alphabet national aux peuples attirés ou entraînés vers une civilisation nouvelle. Les pacifiques propagateurs du Boudhisme ont répandu dans toute l'Asie orientale l'ancien alphabet de l'Inde; ne pouvant modifier l'écriture chinoise, ils y ont introduit plus de vingt mille caractères nouveaux.

Les apôtres du christianisme comprirent aussi que le meilleur moyen d'anéantir les codes religieux ou politiques d'une nationalité ou d'une religion vaincue, c'est d'en rendre la lecture impossible en faisant tomber en désuétude les anciens caractères. Ils substituèrent les lettres coptes aux écritures d'Hermès et aux runes d'Odin; chez les Arméniens et chez les Géorgiens l'alphabet de Mesrob remplaça l'écriture des Mages, chez les Goths se propagea l'alphabet d'Ulphilas, chez les Slaves celui de Saint Cyrille. Les zélateurs guerriers de l'Islam obtinrent dans une entreprise semblable un succès prodigieux : les Khalifes abassides remplacèrent les caractères himyarites et koufiques par le Neski savamment perfectionné, et bientôt les populations musulmanes d'Asie et d'Afrique ; Turcs ottomans, Persans, Afghans, Hindous, Malais, vieilles nations et peuplades barbares, adoptèrent à l'envi la cursive élégante et légère du Coran. Dans cette expansion des trois formes religieuses qui semblent se partager le monde, les questions de la transcription, de la plus grande simplification possible de l'étude des langues sacrées furent mille fois abordées, traitées avec persévérance, et l'on arriva à des solutions incomplètes, mais consacrées par un long usage et dignes de l'examen le plus attentif.

Lorsque les hardis navigateurs portugais, espagnols et italiens eurent ouvert au monde chrétien l'Afrique australe et l'Asie orientale, les missionnaires catholiques essayèrent de fixer par les lettres romaines les sons bizarres des idiomes des peuples sauvages et de transcrire les écritures compliquées de l'extrême Orient.

En apprenant qu'il existait, depuis des milliers d'années, une langue écrite servant de lien à des peuples nombreux qui parlent des idiomes différents, les savants et les philosophes de l'Europe furent saisis d'une généreuse émulation : ils voulurent doter l'Occident de caractères philosophiques analogues à ceux des Chinois et non moins propres à l'usage universel. Des hommes justement célèbres firent tous leurs efforts pour atteindre ce but ; mais, comme les procédés arbitraires d'une conception individuelle ne peuvent remplacer le travail séculaire des nations, les systèmes ingénieux des meilleurs esprits n'obtinrent pas la sanction de la pratique.

Charles de Brosses, s'attachant au projet plus modeste d'une écriture phonétique universelle établie sur une base donnée par l'étude sérieuse des organes de la voix, écrivit son beau traité de la *Formation mécanique des langues.*

Un éclair de génie lui fit entrevoir l'avenir immense de la philologie ; mais il n'eut pas de disciples. La foule des érudits continua longtemps encore les travaux préparatoires des transcriptions particulières. Aujourd'hui même, la plupart des chercheurs d'alphabet universel, ignorant l'existence du livre de de Brosses ou bien n'en soupçonnant pas l'importance, ne sont pas encore arrivés à la pensée qui aurait pu être leur point de départ.

Parmi les transcriptions particulières, la plus étudiée fut celle du sanscrit et des idiomes de l'Inde.

Les amis passionnés de la littérature brahmanique firent preuve d'un zèle égal à celui des missionnaires ; regardant la forme bizarre et compliquée de l'écriture dévanâgari comme le principal obstacle à la propagation des études sanscrites, ils s'attachèrent à lui donner un équivalent en lettres romaines (1). Cette œuvre fut

(1) Sir William Jones : *On the orthography of Asiatic words in Roman letters.* Calcutta, 1788. — Schleiermacher : *Aperçu de l'Alphabet harmonique pour les langues asiatiques.* Mémoire couronné par l'Institut. — Sir Charles Trevelyan. *On the applica-*

tentée par William Jones, Schlegel, Chézy, Bopp, Brockhaus, Eug. Burnouf, Roger, Wilkins, Desgranges, Paulin de Saint-Barthélemy, Rosen, Carey, Böthling, Müller, Adelung, Lassen, Loiseleur-Deslongchamps, Ellis, et par d'autres philologues dont la liste occuperait plusieurs pages.

Mais chacun de ces savants ayant adopté un système différent, l'urgence d'un principe commun, d'une règle scientifique de transcription uniforme devint évidente.

La transcription de l'arabe, à l'époque de la conquête de l'Egypte par les Français, fut jugée nécessaire à l'établissement de la prépondérance européenne dans l'Orient.

Le livre de Volney est la plus haute expression des tendances du siècle. L'auteur de l'*Alphabet Européen* se rattache à de Brosses par le désir de s'appuyer sur un principe physiologique et par son aspiration vers un système universel; il tient aux écoles de l'avenir par ses efforts en faveur de la simplification générale des études et de la diffusion des sciences européennes. Son but n'est pas, comme celui des indianistes, une conquête littéraire, ou, comme celui des hommes d'État, une influence politique et commerciale: il aspire à préparer la régé-

tion of the Roman letters to the languages of Asia. Calcutta, 1834-1836. — *The application of the Roman alphabet to all the Oriental Languages.* — Sir John Pickering. *Essay of North America.* Cambridge 1820. (*Mem. of the american Academy of arts and sciences.*) — Wilson. *Nach schriftlicher Mittheilung. Sanscrit, Hindi, Marathi, Bengali, 1854.*

nération complète de l'Orient et celle de toutes les races inférieures de l'humanité. Plus heureux que de Brosses, Volney eut de nombreux disciples. Récemment encore, à la conférence de Londres, le docteur Max Müller proposa d'employer les lettres romaines, qui peuvent servir à rendre tous les sons, en se servant, pour modifier les voyelles et les consonnes, de caractères italiques; disposition dont Volney nous a laissé plus d'un spécimen dans son traité, entre autres, ses transcriptions d'un Pater en arabe et en hébreu. L'analyse de son système nous montrera combien les successeurs du savant français lui ont emprunté, et combien ils lui sont inférieurs.

Cependant la portée humanitaire de l'œuvre de Volney ne fut généralement pas comprise. La France ne voyait dans la simplification de l'étude des langues orientales qu'un moyen d'établir sa suprématie en Afrique et en Asie; cette suprématie étant impossible, après les revers de 1814 et 1815, la transcription n'attira plus l'attention publique; le prix annuel fondé par Volney dans le but spécial d'encourager les recherches unigraphiques, devint, malgré le vœu du testateur, un prix de philologie. L'alphabet universel fut bientôt classé parmi les chimères. Il n'en était pas ainsi dans le reste du monde.

Comme autrefois les découvertes maritimes des peuples de race latine, en ouvrant des contrées immenses à la propagande de l'Eglise romaine, avaient imprimé un puissant essor aux missions catholiques, l'expansion de la race anglo-saxonne et sa domination sur toutes les mers favorisèrent le mouvement prodigieux des missions protestantes en Asie, en Afrique, en Océanie.

Les difficultés de transcription se présentèrent de toutes parts, quand il fallut reproduire les sons d'une foule de langues que l'écriture n'avait jamais représentées. Chaque membre de l'œuvre des missions suivit sa propre inspiration et figura à sa manière des mots étranges, des cris, des onomatopées, des clappements, des gloussements que l'alphabet européen ne pouvait reproduire (1).

Les nombreuses traductions des saintes écritures, que les grandes Sociétés bibliques ont publiées (a dit M. de Bunsen), sont une curieuse illustration des différentes méthodes employées pour transcrire les sons bizarres de la plupart de ces dialectes barbares.

Là, mieux encore que dans les transcriptions du Sanscrit, on reconnut la nécessité évidente d'un principe uniforme de formation.

On le demanda à l'étude des organes de la voix, et cette recherche produisit une foule d'ouvrages estimables, parmi lesquels on remarque :

Mechanismus der menschlischen Sprache, Kempelen, Wien, 1791.

Theorie der Stimme, Liscovius, Leipzig, 1814.

(1) Voyez, pour les langues africaines, Appleyard, Wallmann, Grout, Krapf, Hugo Hahn, Clarke, Crowther, Rüs, Machrair, Koelle, Roger, Tutschek, Ludolph et Lepsius ; pour les langues américaines, Kleinschmidt, du Ponceau, Edwards, Piccolomini.

Die Funktionen des weichen Gaumens, Dzondi, 1831.

In Poggendorf's Annalen, XXIV, p. 397, Willis.

Handbuch der Physiologie des Menschen, 2. band., p. 180. John Müller, 1840.

Rules for reducing unwritten languages to alphabetical writing in Roman characters with reference especially to the languages spoken in Afrika, Henry Wenn.

Après tant d'efforts, on était encore loin d'avoir obtenu un résultat satisfaisant, et M. de Bunsen disait : Je n'ai rencontré aucun système, je n'excepte pas même celui que j'emploie, dont l'application ne se trouvât pas en contradiction avec le principe qui présidait à sa formation. Le désir de faire cesser un état de choses aussi affligeant amena les conférences de Londres, la discussion d'une base physiologique due aux ingénieuses investigations du docteur Johann Müller de Berlin et de sir John Herschel, l'examen des systèmes proposés par M. Max Müller et Lepsius, pour reproduire les sons conformément au principe énoncé et pour faire en sorte que l'application puisse avoir lieu partout et toujours. De ces intéressantes conférences, il ne sortit aucune décision ; mais elles provoquèrent l'œuvre de M. Lepsius : *Un projet définitif d'alphabet universel*.

Cependant il paraîtrait qu'on ne regarde pas encore le problème comme résolu. Chacun continue à transcrire, suivant sa fantaisie, les alphabets particuliers ou à chercher un système général de transcription. Depuis la publication de l'*allgemeine Alphabet*, la *Société orientale de France* travaille à produire aussi un alphabet universel et scientifique propre à transcrire les langues étrangères. Dès 1858, une commission spéciale et permanente a été nommée pour faire un rapport sur cette question; des savants illustres ont pris part à la discussion. Le résultat de leurs recherches n'est pas encore publié. Jusqu'ici ils ont cherché, comme De Brosses, Volney, M. Lepsius et les physiologistes, à *compter* les sons, à s'entendre sur leur valeur; ils pensent pouvoir procéder à la formation de signes nouveaux composés de plusieurs éléments des lettres européennes (latines, grecques et slaves).

La grande question de l'alphabet universel, née en France, il y a un siècle, mais négligée, comme presque toutes les initiatives françaises, vainement évoquée à plusieurs reprises par Volney, est revenue de Londres et de Berlin au lieu de sa naissance.

Bien accueillie cette fois, elle a pénétré au sein des Sociétés savantes, à l'Académie française, et jusqu'à la presse périodique où l'on a cherché à lui créer un organe spécial : la tribune des linguistes.

Il est donc utile, il est nécessaire de bien connaître l'état de la question, de pouvoir l'embrasser dans son ensemble, d'avoir une idée complète et précise des travaux antérieurs, afin de ne pas les recommencer inutilement.

Il n'est pas moins nécessaire d'en bien comprendre toute

la portée. La transcription n'a plus pour unique objet de faciliter la lecture d'une langue sacrée ou littéraire ; il faut qu'elle rende accessibles à tous, les recherches fécondes d'une science nouvelle, *la Philologie comparée.* Car il est évident que les parallèles, les tableaux synoptiques nécessaires à l'étude comparative des langues, supposeraient, non seulement chez les maîtres, mais encore chez les disciples et chez le public lettré, la connaissance de tous les alphabets du monde et même le pouvoir d'en tracer les caractères.

Pour les investigations philologiques, la transcription vulgaire ne suffit plus ; la transcription perfectionnée de Volney est elle-même insuffisante. Il faut que les racines soient toujours apparentes, que les éléments principaux et accessoires restent distincts au premier coup d'œil.

Nous ne nous placerons pas au point de vue d'une perfection idéale, mais à celui de l'observation, de l'expérience, de l'application pratique. Nous prendrons pour principe commun le simple bon sens, qui veut que le moyen soit propre à nous conduire à la fin proposée, et que la simplification ne soit pas plus compliquée, plus difficile que la méthode qu'on veut améliorer.

Règles fondamentales de la transcription.

Dans toute bonne transcription, il faut :

I.

Que la restitution du texte original soit toujours possible.

II.

Que la nature et le nombre des caractères soient exactement semblables dans le texte original et dans sa transcription ; que, par exemple, une lettre ne soit pas représentée par deux ou trois autres.

Que les points voyelles et les signes accessoires des langues sémitiques et du sanscrit ne soient jamais rendus par des lettres, et réciproquement les lettres radicales par des signes accessoires.

III.

Que la simplicité graphique soit aussi grande que possible et pour le moins égale à celle de la cursive romaine.

Appuyé sur ces règles, nous soumettons à l'épreuve de l'application les trois systèmes qui résument l'histoire de la transcription moderne. Nous placerons les projets de Ch. de Brosses, de Volney et de M. Lepsius en présence des trois grandes formes graphiques dont ils ont voulu nous donner des équivalents. Ces formes sont les monuments des principales époques de l'art d'écrire :

Le chinois écrit, type isolé d'une écriture philosophique indépendante des combinaisons vocales, image directe des choses et des idées, lien commun de nations qui parlent des langues différentes.

Le chinois parlé, dernier représentant des langues monosyllabiques, renfermant encore dans son vocabu-

faire le langage du cri et du chant, et les onomatopées naïves de l'enfance du monde.

L'hébreu et l'arabe, types des langues sémitiques et dont l'écriture présente les plus ingénieux moyens de concilier la forme monosyllabique et la forme holophrastique, la stabilité et le progrès ; d'unir les détails d'une archéologie minutieuse aux plus puissants moyens de la mnématechnie et de la simplification de l'étude des mots.

Enfin, le sanscrit se rattachant à ces langues anciennes par son syllabaire perfectionné et l'emploi des signes accessoires, et ressemblant aux langues de l'Europe par son système de flexion.

Dans ces parallèles ou à la fin de l'examen, nous signalerons les difficultés que présentent, dans les essais proposés, d'autres langues, telles que le persan, le turc et le grec moderne, les idiomes des peuples de l'Amérique et de l'Afrique et de l'Océanie, où l'art d'écrire est ignoré. Toutefois nous ne suivrons pas l'ordre historique et naturel tel que nous venons de l'indiquer, mais l'ordre que M. Lepsius a suivi : nous donnerons le premier rang à l'hébreu, nécessaire aux études bibliques ; à l'arabe, utile à l'expansion française en Afrique.

Nous nous occuperons ensuite du sanscrit, du chinois et des langues des peuples barbares.

Système de Ch. de Brosses.

De Brosses a conçu le premier la pensée d'un alphabet universel ; il avait été conduit à cette recherche par une théorie complète de la philosophie du langage. Il a dit à quelles conditions l'étymologie deviendrait une science exacte; il a deviné le rôle important de l'onomatopée dans la formation des idiomes primitifs. A une époque où les monuments de l'histoire de l'écriture n'étaient pas encore découverts, classés et interprétés, il a déterminé la marche qu'avaient nécessairement suivie les arts graphiques. Sans avoir étudié le système ingénieux des caractères de l'extrême Orient, il a su apprécier les avantages d'une écriture idéale. Enfin, il avait pressenti quelle vaste carrière ouvriraient un jour la logotomie et la graphonomie; car il a reconnu et proclamé les principes suivants :

La création des mots roule sur quatre éléments entièrement dissemblables entre eux : l'être réel, l'idée, le son et la lettre; leur réunion en un même point prouve que, malgré leur dissemblance, ces éléments se tiennent par un lien secret, principe de leur formation et qu'il est possible de découvrir. L'anatomie du mot donne fort bien pour l'ordinaire, soit la définition de la chose nommée, soit la description du fait allégué; l'expérience confirme les inductions du raisonnement.

Par l'examen mécanique des mots, on peut arriver à connaitre les variétés de conformation anatomique dans l'organe vocal suivant les climats et les races; on peut découvrir quel était le génie particulier de chaque nation ou son degré de culture; tracer l'itinéraire des sciences sur le globe; distinguer les noms des personnes réelles et les noms allégoriques des êtres fictifs ; rétablir ainsi l'ordre et la lumière dans le chaos des mythes et des légendes, et obtenir en partie la restauration des langues perdues.

S'élevant ensuite à des conceptions plus hautes, De Brosses a entrevu le premier la possibilité de ramener la masse infinie des mots de toutes les langues à un très-petit nombre de racines absolues et communes.

C'est surtout pour faciliter les opérations de l'examen mécanique des mots, le dégagement des valeurs altérées et la composition d'un glossaire général, qu'il a cherché à composer un alphabet organique applicable à toutes les langues de l'univers. Voici comment il avait compris cette œuvre :

Cette écriture doit réunir, en outre, les diverses formules des peuples de la terre, elle sera syllabique, elle sera alphabétique, elle sera par clefs d'organes et de prononciations vocales; elle aura la plus grande simplicité possible; et, comme les clefs d'organes amènent à beaucoup d'égards la connaissance des clefs idéales, elle pourra joindre, à la rapidité d'une écriture littérale, quelques-uns des avantages de l'écriture chinoise.

De Brosses avait même essayé de représenter par la figure des lettres l'organe qui les articule, afin que, l'image de la voix dirigeant le mouvement des organes, la même écriture devînt immédiatement lisible partout. Il voulait que l'alphabet fût un véritable glossomètre permettant de mesurer le degré de ressemblance des langues, dans un tableau de nomenclature générale. Car De Brosses avait pressenti, comme nous l'avons dit, l'avenir de la philologie comparée ; il pensait qu'on arriverait un jour à comparer toutes les langues les unes aux autres ; à les mettre toutes ensemble sous les yeux du lecteur, en forme parallèle, dans un tableau universel, dans l'ordre des racines absolues, dans un glossaire général, où, pour cela même, elles viendraient se ranger, par la seule force des choses suivant l'ordre chronologique.

Voici comment il essaye de réaliser cette haute conception dans son système :

La ligne droite perpendiculaire représente la lettre *lèvre ;* oblique de 45 degrés penchant à droite par le sommet, la lettre *dent ;* oblique penchant à gauche par son sommet, la lettre *gorge ;* la ligne courbe en forme de crosse perpendiculaire représente la lettre *langue,* inclinée à droite la lettre *palais,* inclinée à gauche la lettre *nez.*

Un point à droite fait distinguer la douce ; un point à gauche, la rude ou l'emphatique ; on peut donc, avec trois signes, au plus avec sept, indiquer toutes les articulations simples.

La voyelle représentée par une verticale plus déliée figure le tube vocal ; un petit trait horizontal indique l'endroit de la longueur où le son est frappé, et deux signes suffisent à la représentation de toutes les voix possibles. Si ce petit trait est à droite, il signale la voix finale dans la syllabe ; s'il est à gauche, la voix initiale ; s'il est des deux côtés, la voix intermédiaire. De plus, comme le caractère de la voyelle est placé au-dessus de la lettre consonne, il peut représenter les points de la Massore et ceux de l'alphabet arabe; il forme ainsi une écriture syllabique.

L'aspiration labiale ou *e* muet est marquée par le trait voyelle plus court et incliné à droite par son sommet; de même, incliné à gauche, il marque l'aspiration gutturale. Quant aux esprits, au lieu de les figurer comme dans son premier tableau, De Brosses met au-dessus de chaque lettre le trait représentatif de l'organe étranger dont la lettre affecte l'esprit; ce qui permet d'indiquer la dominante dans les groupes bi-lettres ou tri-lettres.

1. Cette écriture a donc l'avantage de représenter avec un petit nombre de signes très-simples des combinaisons innombrables;

2. D'indiquer la dominante dans les lettres doubles;

3. De simplifier l'étude de la lecture, en donnant aux caractères une valeur syllabaire sans laquelle les transcriptions des langues sémitiques, chinoises, et même celles du sanscrit, sont toujours imparfaites. Si l'alphabet organique ne manquait pas d'un signe de mutisme nécessaire à certaines opérations de philologie; s'il avait, à l'exemple des Samaritains, des signes pour l'accent affectif (dont De Brosses connaissait l'existence), sa théorie serait complète au point de vue de la parole humaine. Mais si, en théorie, l'alphabet organique approche beaucoup plus de la perfection que tous les systèmes posté-

2

rieurs; quelle que soit la simplicité de ses éléments graphiques, il n'est pas de beaucoup supérieur dans la pratique aux essais que nous allons analyser.

Le manque de liaison entre les signes et, par suite, la nécessité de lever la plume à chaque syllabe, empêche cette écriture d'être cursive.

La similitude des signes, qui ne diffèrent que par leur degré d'inclinaison, est aussi trop grande et pourrait amener quelque confusion; les voyelles et les valeurs labiales sont également représentées par des verticales qui ne diffèrent que par la grosseur de la ligne, différence insuffisante. L'équivalent ordinaire de chaque ligne étant formé de trois lignes superposées, composées des mêmes éléments, il serait difficile de ne pas les mêler si on écrivait avec un peu de précipitation et sans espacer suffisamment les lignes. Sous ce rapport, le premier système proposé par De Brosses offrait l'avantage d'éviter en partie cette confusion, puisque les voyelles et les labiales avaient des lignes distinctes et que l'esprit faisait corps avec la consonne; mais cet avantage était compensé dans ce dernier cas par la forme trop compliquée de certaines lettres, en sorte qu'on pourrait répéter, au sujet de l'alphabet organique, l'observation faite par De Brosses au sujet de l'alphabet vulgaire. « Il est arrivé à l'auteur de cette découverte, ce qui arrive à tous les premiers inventeurs, qui, après avoir, par un coup de génie, découvert le principe originel, n'employent ensuite dans la pratique qu'une méthode assez défectueuse.

En effet, il serait difficile que le talent d'inventer se trouvât joint à la patience nécessaire pour perfectionner.» Aussi, dans toute œuvre importante, faut-il tenir compte des travaux antérieurs.

Si Volney et M. Lepsius avaient mieux connu l'œuvre de leur devancier, ils auraient puisé dans l'étude de l'alphabet organique des enseignements précieux et surtout l'idée à peu près complète des conditions rigoureuses que doit remplir le créateur d'un alphabet universel ; par là, ils auraient facilement évité les imperfections que nous allons signaler.

Systèmes de Volney et du Docteur Lepsius.

Un alphabet universel étant destiné à la pratique doit être d'une grande simplicité graphique, il doit affecter une forme cursive au moins égale en facilité à celle de l'alphabet romain, et cependant il faut qu'il soit propre à représenter tout ce qui est indiqué par les alphabets particuliers. Ce n'est qu'à cette double condition qu'il sera lisible immédiatement chez tous les peuples occidentaux, avec une prononciation régulière, et rendra possibles la restauration des textes originaux et la traduction d'après les textes transcrits.

L'*allgemeine Alphabet* est loin de remplir cette première condition. Le nombre de ses caractères est trop considérable, 54 voyelles, 48 consonnes et 4 schnalzlaute. Leur forme est trop compliquée, elle oblige à chaque instant de rompre le mouvement horizontal et régulier auquel toute cursive doit sa célérité, pour ajouter aux lettres une foule d'accents ; 9 sont ponctuées au-dessous, 26 au-dessus, 14 au-dessus et au-dessous ou bien à la fois à droite et à gauche. Cet alphabet n'est pas homogène, l'auteur a ajouté à l'alphabet romain ; 5 lettres grecques modifiées, des caractères particuliers pour la transcription du *tz* chinois, de plusieurs lettres arabes, sanscrites, et des accents pour figurer l'*aleph* et l'*aïn*, et les quatre *schnalzlaute,* clappements du Hottentot et du Caffre.

Ce matériel si considérable, si embarrassant, est cependant loin de suffire à la transcription des alphabets particuliers dont plusieurs valeurs se trouvent sans équivalent ; ce qui rend la transcription incomplète et par cela même la traduction impossible d'après les textes transcrits.

Un savant modeste, qui, depuis bien des années, apporte à surmonter les difficultés de la transcription générale toutes les ressources d'un zèle inépuisable et d'une rare habileté graphique (1), M. le pasteur Gustave Petitpierre, résidant à Genève, me semble avoir posé d'une manière satisfaisante les règles de la simplicité nécessaire à un alphabet universel (Lettre au Dr H. Wenn) :

1° N'admettre pour aucune langue *vivante* d'accents ou signes d'aucune espèce, ni *sur* ni *sous* les voyelles et consonnes ; ce qui serait désigné par ces accents et ces

(1) J'ai mis sous les yeux de l'Académie de Stanislas, des spécimens remarquables de ses transcriptions.

signes sera renfermé virtuellement dans la forme de la lettre elle-même, et sans complication. 2° Une seule forme et non pas deux ou trois, c'est-à-dire, non pas A, *a* ou a, non pas G, g et *g*, etc... 3° L'alphabet universel étant en caractères romains, exclure tout caractère d'une écriture étrangère, russe, asiatique, et même grecque. 4° Une lettre romaine ne doit être variée que lorsqu'il n'y en a pas de spéciale pour figurer un son spécial ; mais elle doit être variée si légèrement, qu'elle rappelle toujours aisément le caractère romain original. Domergue, Volney et d'autres récemment en France, MM. Vittman et Ellis en Angleterre, ont trop perdu de vue cet important principe. De même qu'en botanique une variété de plante rappelle aussitôt son type ou la plante principale d'une espèce, de même une lettre romaine légèrement variée rappellera toujours aisément la lettre originale et sa valeur (1). Si les caractères romains et italiques ne doivent pas être employés ensemble, comme ils le seraient dans le système de

(1) Ainsi dans le système de M. Petitpierre, le *t* quoique varié par une légère courbure du trait horizontal supérieur pour figurer le son cérébral indien ; ou par un renflement du corps pour figurer le son empathique arabe ; ou par un certain contour à la naissance du trait pour figurer le son explosif ou plutôt un peu clappé amharique et éthiopien ; ou par une légère tendance à l'*s* dans le trait perpendiculaire pour figurer le son *th* arabe et grec moderne : ce *t*, quoique varié de la sorte, rappellera tout de suite notre *t* ordinaire. En cela, je le répète, il faut la plus grande simplicité et toujours l'analyse pour guide.

M. Max Müller, il est bon cependant que le caractère romain, quoique toujours vertical, ne s'éloigne pas trop, pour la forme, du caractère cursif; ce sera, pour les peuples, la meilleure préparation à la pratique de l'écriture *cursive*, qui est peut-être plus importante que le caractère *imprimé*. Enfin un alphabet universel en caractères romains doit fournir le moyen de transcrire toute langue si exactement, que celui qui la lit, puisse, à première vue, prononcer correctement.

TRANSCRIPTION DE L'HÉBREU.

Ainsi le texte hébreu original doit non-seulement être transcrit en caractères romains, mais aussi avec une orthographe si exacte et si lisible, que, par son moyen, l'on puisse apprendre la langue hébraïque, sous le rapport grammatical, aussi parfaitement qu'on l'apprend au moyen du caractère original hébreu. L'*allgemeine Alphabet* ne permet pas d'obtenir ces résultats.

De la suppression du Sin.

M. Lepsius a donné au *Sin* et au *Samech* un seul et même représentant (S).

Par là, un des caractères du syllabaire hébreu est supprimé.

Le *Samech* dégagé de tout accessoire serait la lettre principale, la lettre pure, dont le *Schin* et le *Sin* deviendraient de simples modifications et le *Tzade* un redoublement.

Pour établir l'importance des difficultés qui résultent de la suppression du *Sin*, quelques détails grammaticaux sont nécessaires.

Lorsque les hébreux ont distingué les lettres שׂ et שׁ par les points שִׂבֹּלֶת et שִׁבֹּלֶת, n'ont-ils pas vu qu'un signe suffisait pour indiquer la différence des deux valeurs phonétiques ? Evidemment oui, puisqu'ils n'ont employé qu'un seul accent pour changer les douces en fortes. Ils avaient donc une raison de créer les 2 points diacritiques du שׂ et du שׁ, et de placer l'un à la droite, l'autre à la gauche du ש. Je ne traiterai pas ici cette question graphonomique ; je me contenterai de rappeler un fait incontesté. La différence du שׂ et du שׁ n'est pas simplement vocale : elle dépend de la *racine* à laquelle appartient le mot respectif, elle sert à retrouver cette racine. Ex. : וַיְחַפֵּשׂ racine חָפַשׂ il fouilla ; יִשְׁרֹק. racine שָׁרַק il siffla. Sans les points diacritiques qui font distinguer le *Sin* du *Schin*, il serait impossible de ne pas confondre un assez grand nombre de mots hébreux qui sont d'ailleurs absolument homographes, par exemple : חֶרֶשׂ et חֶרֶשׁ, dont l'un signifie argile et l'autre à la sourdine ; שֶׂבֶר, espoir et שֶׁבֶר, rupture ; שָׂחַט, il pressa le jus et שָׁחַט, il égorgea ; שִׂכֵּל, il rendit intelligent et שִׁכֵּל, il priva quelqu'un de ses enfants. M. Lepsius a tenu compte de cette nécessité de distinguer le *Schin* des autres sifflantes ; mais, en identifiant le *Sin* et le *Samech*, il est tombé dans une confusion des plus grandes. Il devient tout à fait impossible de distinguer les mots nombreux dans la composition desquels entre le *Samech* des mots où figure le *Sin;* ainsi les *quatre-vingts* racines qui ont le *Samech* pour initiale se confondent avec les *cinquante* racines où se rencontre le *Sin*. Comment, si l'on voulait reconstituer le texte hébreu reconnaitrait-on que, dans les mots suivants, l'S de l'*allgemeine Alphabet* ne doit pas être remplacé par un ס?

בָּשָׂר chair.
נָשַׂג il atteignit.
עָשָׂה il fit.
קַשְׂקֶשֶׂת écaille de poisson.
שָׂגַב il s'éleva.
שָׂהֵד témoin.
שׂוּשׂ se réjouir.
שָׂטָן adversaire (Satan).
שְׂלָין caille.
שְׂמָמִית araignée.
שַׂק sac.
שֶׂרֶט incision.
שָׂרַר il domina.
בִּשַּׂר il annonça.
כֶּרֶשׂ ventre.
עֵשֶׂב herbe.
פָּשַׂק ouvrir la bouche comme un badaud.

שָׂרִיד qui reste après.
שָׂרַף il brula (d'où serpent de feu, séraphin).
תָּפַשׂ il saisit.
בֶּשֶׂם parfum.
דַּמֶּשֶׂק Damas.
עֶרֶשׂ lit.
פָּשָׂה il s'étendit.
שְׂאוֹר levain.
שָׂדֶה champ.
שׂוּחַ méditer.
שְׂמֹאל côté gauche.
שָׂחוּ nage.
שִׂיד chaux.
שָׂנֵא il haït.
שָׂרִיג provin.
שָׂרַךְ il impliqua.
חֶרֶשׂ argile.

שָׂנָא il augmenta.
שֶׂה agneau, chevreau.
שִׂיחַ brin d'herbe, arbuste.
שָׂטַם il garda rancune.
שִׂכִּים épines.
שָׂמַח il se réjouit.
שָׂפָה lèvre, bord.

כֶּבֶשׂ agneau.
כָּבַשׂ il pressa.
נָשָׂא il porta.
פֶּשַׂע un pas.
שֶׂבֶר espoir.
שָׂחַט il pressa le pas.
שִׂכֵּל il rendit intelligent.

A ces racines se rattachent de nombreux dérivés, et tous ces mots, qui représentent pour la plupart des choses d'un usage habituel ou des idées importantes, se trouvent sans transcription possible dans le système de l'*allgemeine Alphabet* par suite de la suppression du *sin*.

Si quelques mots hébreux paraissent écrits indifféremment שׂ ou ס, par exemple : סַהַר et שַׂהַר rotondité, שֹׂךְ et סֹךְ cabane, סֶכֶל et שֶׂכֶל intelligence, יָסֵר et יָשַׂר, il dominera ; ce n'est pas une raison pour faire une règle générale de la confusion accidentelle de ces valeurs. Ne serait-il pas plus convenable d'examiner s'il n'existe pas une nuance de sens entre ces homophones diversement écrits et regardés par les traducteurs comme tout à fait identiques ?

Autres omissions.

Les caractères וֹ et ..י ־ִ semblent aussi dépourvus d'équivalents ou confondus avec ו et וּ et י.

L'*y* n'est pas un équivalent convenable de l'*i* très-bref.

Les quatre lettres אהוי sont *muettes* ou *quiescentes*, lorsqu'elles sont dépourvues de points voyelles, soit au milieu, soit à la fin des mots. Leur seul effet est de rendre longues les voyelles précédentes, et il y en a quelquefois deux de suite à la fin des mots. Ex. : Enfants de Lévi, בְּנֵילֵוִי, ou אוֹ, il voudra יֹאבֶה, viens בֹּא, lui הוּא, donc אֵיפוֹא. Essayez de transcrire ces mots à l'aide du spécimen de l'*allgemeine Alphabet*, vous aurez une prononciation altérée en représentant les lettres muettes par les correspondants indiqués ; si vous supprimez ces lettres, vous ne pourrez plus rétablir le texte.

Transcription insuffisante de ע *et d'*א.

Un simple accent ne peut suffire pour la transcription de l'ע. ע est un des caractères principaux du syllabaire hébreu : il doit tenir dans la transcription autant de place que toute autre lettre et ne peut être représenté par un signe accessoire ; mais, quand on admettrait cette convention, un accent figurant une seule valeur ne peut représenter les cinq valeurs que nous sommes obligés de reconnaitre à ע, d'après les transcriptions des Septante et de la Vulgate.

1° ע est une aspiration gutturale tellement forte, que les grecs et les latins l'ont représentée par un Γ* ou par un K ou par le redoublement de A ou de l'N ou de l'O.

* C'est encore ainsi que les Russes représentent l'aspiration gutturale dans les mots transcrits du grec.

עמרה γομοῤῥά, Gomorrha.
עתניאל γοθονιήλ.
עזה γάζη, Gazœ.
בלע βαλάκ, βαλαὰ.
הושענא ὡσαννά, Osanna. Sans parler de פעוד, φογώρ, Phogor, Phongor.

2° Plus communément, ע n'ajoute pas une aspiration aussi violente, un simple esprit rude (ʽ) lui correspond; dans la plupart des transcriptions suivantes, 3° ע est représenté par l'esprit (ʼ).

A ערב ἀραβία, Arabia. עקרון ἀκκαρών, Accaron.

עברי ἑβραῖος, Hebrœus.
E עדר ἔδέρ, Eder.
עמנואל ἐμμανουήλ, Emmanuel.
עילי ἠλά, Ilay.

I עירא Ἶρας, Irad.

O עזא ὀζά, Ōza.
Ō עזאל ὀζιήλ, Ōziel.
עוג ὤγ, Ōg.
עודד ὠδήδ, Ōded.
עפל ὠφέλ, Ōphel.

עובד ὠβήδ, Ōbed.
OU עותי οὐθαΐ, Uthaï.

Ainsi ע répond au moins à trois degrés d'aspiration et à deux valeurs gutturales de force différente; au lieu de les confondre, cherchons un moyen de les discerner dans les textes et de les reproduire dans nos transcriptions.

L'esprit est aussi un signe insuffisant pour représenter l'א, lettre radicale importante dans tous les idiomes sémitiques.

Omission de trois voyelles semi-brèves.

Les trois voyelles semi-brèves :

Chateph ségol	ֱ	é.
Chateph patach	ֲ	a.
Chateph kametz	ֳ	eau.

manquent aussi, et ces lacunes ont leur importance, car l'absence ou la confusion des signes secondaires nuit toujours à l'intelligence des mots.

Cherchons à transcrire la Bible suivant le système de l'*allgemeine Alphabet*, nous serons arrêtés dès le troisième mot : ne trouvant pas d'équivalent au chateph ségol, nous ne saurons comment représenter le mot אֱלֹהִים, pluriel d'אֱלֹהַּ, qui ne diffère que par la ponctuation de son synonyme אֱלָהּ, et de ses homographes אַלָּה, un chêne, אָלָה, serment, אָלָה il a juré.

L'absence d'un équivalent au chateph patach produirait aussi quelque embarras ; car ce signe fait discerner, par exemple, le mot אֲשֶׁר (celui qui, ce qui, ce que), si fréquemment employé, de ses quatre homographes, אָשַׁר, il a marché, אָשֵׁר, Aser, fils de Jacob, אֹשֶׁר, bonheur, אֲשֻׁר, pas. La confusion serait souvent plus considérable : il y a jusqu'à 9 homographes pour la combinaison חבל. Même observation au sujet du chateph kametz, sans lui, on ne pourrait distinguer de ses quatre homographes : le mot קָדֳם, devant, etc.

Je ne trouve pas non plus un signe correspondant au ה final, quand, frappé du *mappick*, il se change par l'effet de cet accent d'*e* muet en aspiré.

On ne voit pas non plus comment on distinguerait les deux prononciations du *vau cholem* וֹ ; comme voyelle *o* après une lettre non ponctuée, au milieu ou à la fin des mots, lorsqu'il fait corps avec la lettre précédente, ex. : מַלְכּוֹ, Malcò (son roi), et comme consonne (vo), et faisant syllabe avec la lettre suivante עָוֹן, ngavone (péché).

Serait-ce parce qu'il a représenté les points voyelles par des lettres, que l'auteur de l'*allgemeine Alphabet* aurait été conduit à représenter par des signes conventionnels, des accents, des esprits, l'א et l'ע, qui doivent tenir dans les transcriptions un rang égal à celui des caractères du même ordre ?

Il serait utile de rappeler dans la forme graphique de la lettre douce la forme originelle de la forte correspondante distinguée par le *daguèsch* léger. Dans le signe *k*, pris pour כ, rien ne rappelle כ χ' ; il n'y a pas entre les lettres *t* et θ, *p* et *f*, *b* et *v*, δ et θ' le rapport graphique existant entre תּ et ת, פּ et פ, בּ et ב, דּ et ד.

Ces imperfections, quoique moins graves peut-être que les omissions de lettres que nous avons signalées plus haut, embarrasseraient la reconstruction du texte et priveraient la philologie comparée d'une indication précieuse sur l'âge et sur l'origine des mots ; d'un moyen oculaire et mnémonique de les rapporter à la racine primitive, qui fait seule trouver et retenir la cause de leur signification.

Omission du Daguèsch fort.

Une omission plus sérieuse est celle du *daguesch fort*. Ce point, en faisant doubler la lettre qu'il accompagne, modifie très-souvent le sens des mots. Employé comme *remplaçant*, il indique l'absence d'une consonne, et remplace, tour à tour, le נ première radicale des verbes défectifs de cette initiale, de même que le ל, le נ deuxième radicale dans certaines formes nominales, dans les pronoms de la deuxième personne, et dans les formes du genre féminin du numératif deux.

Cet accent sert encore à plusieurs usages qu'il serait trop long d'énumérer ici. Rappelons seulement qu'il serait impossible de conjuguer sans lui, puisqu'il est le signe caractéristique du פִּעֵל (pinguèl), actif énergique, et que, représentant le נ caractéristique de la voix נִפְעַל (niphngal), passif, il fait souvent cesser l'homonymie de plusieurs mots.

Le *Daguèsch fort redoublant* remplit encore d'autres emplois plus importants ; il sert souvent de guide à l'investigation des racines défectives de quelque lettre, car :

Quand, de deux lettres qui restent, la première est

pourvue de daguèsch, ce signe indique presque toujours l'absence d'un נ initial.

Il en est de même lorsque cet accent se trouve dans la lettre radicale unique. En plusieurs cas, c'est un indice que la racine est redoublante.

Si le daguèsch manque dans l'une comme dans l'autre des deux radicales, la forme dont il s'agit appartient aux נָעוֹ

L'absence de cet accent dans une lettre précédée de וֹ (*vaw cholem*) qui remplace le י initial, décèle un mot הִפִּי ; il en est de même lorsqu'il y a *cholem* sans ו.

Enfin l'absence totale du daguèsch fort indique une racine du הִלֹה.

Que deviennent toutes ces opérations de thématologie si l'on supprime le daguèsch et les points voyelles ? Comment dégager sans leur secours les mots primitifs, des *racines*, des serviles qui les accompagnent et dont chacune présente une nuance particulière à chaque forme ? Comment parviendra-t-on à connaître le fond des mots, les éléments dont ils peuvent être composés et la manière de les former ?

La prononciation de l'hébreu n'est peut-être pas aussi difficile à déterminer que parait le croire M. Lepsius (p. 48).

La version grecque des Septante, la version latine de saint Jérôme, nous donnent les transcriptions des noms propres hébreux en des caractères dont la valeur est parfaitement connue, même dans les pays où, comme en France, des prononciations vicieuses règnent dans les écoles.

Nous avons d'ailleurs un terme de comparaison plus complet, c'est la transcription littérale en caractères grecs du texte hébreu de la bible, dans l'*Origenis hexapla.*

Βρησιθ βαρα Ελωειμ εθ ασαμαιμ ου εθ ααρες. Ου ααρες αιεθα θωου ουβωου ουωσεχ αλ φνε θεωμ, ουρουη Ελωειμ μαραεφεθ αλφνε α μαιμ. Ουιωμερ Ελωειμ ιει ωρ ου ιει ωρ. Ουιαρ Ελωειμ εθ αωρ χιτωβ ουιαβδηλ Ελωειμ βην αωρ ου βην αωσεχ. Ουικρα Ελωειμ λαωρ ιωμ ουλαωσεχ καρα ληλα, ουιει ερεβ ουιει βωκερ ιωμ αεδ.

Combien d'enseignements en quelques lignes. Dès le premier mot, dans βρησιθ, nous trouvons les faits suivants : Le *scheva,* sensible au commencement des mots, est parfois tellement bref qu'il devient presque insaisissable, א zéré se prononçait η. Le schin manquait d'équivalent hellénique : le transcripteur grec a préféré pour le rendre σ à χ ; et cela avec raison parce que le sin n'est qu'un schin adouci et parce que le *sigma* a dû représenter dans l'origine un son moins aigu que celui de l'*s.* Ce nom sigma n'étant qu'une onomatopée tirée du sifflement du fer rouge plongé dans l'eau.

La prononciation du ת, frappé du daguesch léger, était bien celle du θ, le *th* anglais dans *thing.* Les Juifs allemands adoucissent trop le ת quand ils le prononcent comme *s.* Au reste, le θ avait quelquefois cette valeur suivant Appollonius, les Laconiens changeaient θ en σ ; pour Θεοσ, Θήρ, Ἀθάνα, ils disaient *Sior, Sir, Assana.* — Plus loin, nous trouvons dans ειμ une indication de la valeur de ים. La comparaison du texte hébreu et de sa reproduction en lettres grecques nous fournirait aussi des arguments contre la prononciation érasmienne encore en vigueur dans les colléges de France. Il est évident, par exemple, que l'η tout en ayant parfois le son de l'é ouvert avait souvent celui de l'i, puisque בין se trouve transcrit Βην. Les concordances de la transcription grecque et des analogues arabes nous aideraient encore à déterminer certaines valeurs phonétiques de la Massore ; mais nous ne pouvons donner ici un exemple des études de cette nature.

Toute bible polyglotte, telle que celles d'Arias Montanus, de Walton, etc., présente plusieurs transcriptions faites à des époques différentes, chez des peuples différents dont la prononciation n'est pas douteuse. Dans ces noms propres se rencontrent toutes les combinaisons possibles des lettres et des points voyelles. Chacune d'elles est indiquée par la tradition, מסרה, grâce à laquelle la langue hébraïque n'est pas encore tout à fait morte. Les Caraïtes, séparés des autres Juifs depuis le VIIIe siècle de l'ère chrétienne, conservent avec soin l'ancienne prononciation, et l'arabe lui-même, en raison de ses affinités originelles et intimes avec l'hébreu, peut fournir à cet égard des renseignements qui ne sont pas à dédaigner. Lorsque la logotomie comparée aura permis de remonter jusqu'aux racines primitives et surtout de retrouver la cause de la signification de chaque son de la parole articulée, nous pourrons aussi connaître d'une manière certaine l'intonation, l'accent organique ou psychologique attachés aux caractères de la parole écrite ; mais, sans parler de l'avenir, il est certain que les versions comparées, l'autorité des Caraïtes et celle de la majorité des Rabbanites suffit, presque toujours, pour établir dans les cas douteux la prononciation correcte. Nous en avons la preuve dans un fait actuel.

Les Juifs allemands et polonais répandus dans la haute Allemagne, où existe l'abus de confondre l'*a* avec l'*o*, d'écrire par exemple *Odem* pour *Athem*, ont contracté l'habitude vicieuse de ne faire aucune différence entre le *Kametz long*, ā, et le *Kametz bref*, au : ils donnent à l'un et à l'autre le son au, et cela d'autant plus facilement, qu'il y a des cas où le *Kametz long* se change correctement en Kametz rapide. Cependant la confusion de ces deux sons renverserait le système général de la ponctuation et nous ôterait tout moyen de distinguer plusieurs homonymes, dont la signification varie suivant la manière de les prononcer : par exemple, entre שָׁמְרָה *schaméra*, elle a gardé, et שָׁמְרָה *schauméra*, garde ; entre זָכְרָה *zachéra*, elle s'est rappelé, et זָכְרָה *zauchéra*, rappelle-toi.

Entre ces mots, il n'y a point de différence graphique ; car les deux Kametz ont également la figure d'un petit *tau*.

Il est donc nécessaire de distinguer ces deux valeurs. Consultons les Septante, la Vulgate, la tradition séculaire et les Caraïtes : les Septante ont transcrit par Αλφα le *Kametz* des noms propres, Abraham, Sara, Isaac,

Amen; Saint Jérôme l'a transcrit par l'*a* romain; les Caraïtes et les Rabbanites prononcent ce Kametz comme *a*. Donc la prononciation *Au* des Juifs allemands et polonais est vicieuse (*).

J'ai insisté sur ce détail parce qu'il se rattache à une question plus importante que celle de la transcription, c'est-à-dire, à la théorie des points voyelles. Quelques grammairiens n'ayant qu'une connaissance très-superficielle des idiomes sémitiques, ou bien cédant au désir de populariser l'enseignement de la langue sacrée en diminuant les difficultés de la lecture, ont proposé de supprimer les signes de ponctuation ; ils ont même cherché à en prouver l'inutilité. Mais les hébraïsants les plus célèbres Cinqarbres, Buxtorf, Quadros, Bellarmin, Guarin (dans sa préface, réfutation du docteur Masclef), ont regardé les points voyelles et les variations systématiques dont ils sont susceptibles, comme l'âme d'une langue qui n'est pas tout à fait morte, et les consonnes privées de leurs

(*) On a cherché à éviter les difficultés qu'entraîne la facile confusion des deux Kametz : un simple changement graphique remplacerait les règles établies pour les distinguer. Je crois que le moyen le plus simple serait de placer l'un un peu plus à gauche que l'autre sous le caractère auquel il est uni. M. Bonifas-Guizot accompagne toujours le Kametz-chatouph d'un petit cercle à droite ᵀᵒ. M. G. Petitpierre pense qu'au lieu de compliquer le signe du Kametz par ce cercle, il serait bon de conserver le ᵀ mais en le renversant ⊥, sans autre addition, ou bien, ce qui serait mieux d'employer un petit *o* au lieu d'un trait vertical. L'avantage de distinguer au premier coup-d'œil les deux Kametz, justifierait l'une ou l'autre de ces légères altérations de la forme antique, surtout dans une simple transcription.

secours comme des corps inertes et sans vie. Ils ont tous reconnu qu'indépendamment de l'influence exercée par les points voyelles sur la formation des mots, c'est le seul moyen d'éviter un surcroit d'homonymes dont il résulterait des inconvénients très-graves (1). — Voici quelle est à ce sujet leur opinion. Avant l'invention des signes destinés à peindre la parole, lorsque l'hébreu n'était encore qu'une langue parlée, il y avait nécessairement des sons et des pauses, comme il y avait des articulations. Plus tard, on se borna à ne représenter que ces dernières, c'est-à-dire, les consonnes, dont la vue seule indiquait les voyelles convenables à chaque mot. la table des signes graphiques n'était alors qu'un *syllabaire* ayant 2 formes ; la sacerdotale et la cursive.

Par suite des progrès de l'écriture et des progrès de la puissance analytique, et par suite aussi de l'oubli croissant du sens primitif des figures du syllabaire, il devint nécessaire d'avoir un système d'écriture plus compliqué. On imagina de représenter aussi les sons ou les voyelles et les pauses. C'est ainsi que le chant précéda l'invention des notes musicales. Le syllabaire chaldéen devint un alphabet littéral, analogue à ceux des nations modernes.

La dispersion dont la nation juive était encore menacée par les armes des Romains, fit sentir la nécessité de

(1) Ex. דבר aurait 9 acceptions diverses, שמים, 10 etc. Il ne serait point question des 70 semaines de Daniel (XI, 24), s'il n'y avait pas deux ponctuations pour les mots שבעים שבעים.

mettre les livres saints à l'abri de toute espèce d'altération. Dans ce pieux dessein, une sorte de Concile, une école de Tibériade qui subsista pendant des siècles, arrêta, d'après les anciens manuscrits, le nombre des volumes, des mots et des lettres que renferme la bible ; et, afin de perpétuer le véritable usage des voyelles et des accents de toute espèce, on donna à ces signes une figure simple, susceptible d'être ajoutée facilement aux lettres, et des noms mnémoniques significatifs, tirés du Chaldéen, qui était alors la langue vulgaire des Juifs.

Ce ne sont pas les rabbins de Tibériade qui ont créé le système des voyelles ; leur mérite est d'en avoir conservé et transmis l'emploi. Ils n'ont jamais prétendu à une autre gloire ; car le nom de מַסֹרָה, Massarà, que ces savants ont donné à leur ouvrage, vient de la racine מָסַר Massar (tradidit), il livra, il remit, laquelle répond au mot français *tradition*. Voyez Aben Ezra (צחות, fol. 138, id. comm. sur l'Exode, 25-31) et Rabbi Schimeon, *Zohar*, col. 106.

Enfin, quoique la forme matérielle de ces signes date d'une époque comparativement récente, l'usage en était connu, non-seulement au temps d'*Esdras*, mais avant lui, puisque les Juifs de la Chine, arrivés dans ces régions lointaines deux siècles auparavant, prononcent les voyelles à peu près comme les autres Israélites répandus sur la surface des deux hémisphères, sans parler des Caraïtes qui, bien qu'isolés depuis dix siècles, ont matériellement les mêmes points voyelles que les autres Juifs, et ne les prononcent pas différemment.

Une autre preuve de l'antiquité de l'usage des signes accessoires, c'est la présence dans les textes hébreux des lettres majuscules, minuscules, suspendues, inverses et irrégulières.

Cette disposition est beaucoup plus ancienne que le concile massorétique ; car le Talmud dans le traité סופרים les *Scribes*, chap. 9, fait mention de la lettre ל employée comme majuscule dans וישליכם, et il les rejeta (Deut., 29, 28), et le texte talmudique dit : Il est nécessaire que le *lamed* soit long, c'est-à-dire, majuscule dans ce mot. Le même livre explique aussi pourquoi *Jod* est minuscule dans תשי, il a oublié (Deut., 32, 18); pourquoi ע est suspendu dans רשעים, les méchants (Job, 38, 15.). Le *Nun* retourné appartient à une époque non moins reculée, il a aussi une signification.

Toutes ces formes sont le dernier vestige de l'écriture hiéroglyphique, non-seulement symbolique mais figurative.

Elles concourent à établir un fait d'une immense portée et qui semble aujourd'hui être ignoré des plus doctes hébraïsants.

La tradition massorétique n'est qu'un rameau, qu'un développement de la tradition primitive des Sémites, des Chasdaïm et des Misraïm. Cette dernière, en conservant la véritable signification des signes principaux et accessoires de la pensée, faisait de chaque mot un tableau aussi fidèle que ceux de l'écriture philosophique de l'extrême Orient. Ces deux traditions étaient pour l'hébreu ce que la graphonomie logotomique sera pour le chinois écrit et pour toutes les langues du monde, un moyen de simplifier au plus haut degré l'étude des mots, des lettres et des grammaires.

La grande tradition donnait aux Mlachim le pouvoir de scruter le verbe des Elohim, d'évoquer la pensée et le cœur des ancêtres, de faire revivre les lettres mortes au contact de l'esprit divin. Elle leur permettait de se plonger dans les méditations profondes des âges primitifs, de cette grande époque anté-diluvienne où l'homme voyait, dit-on, l'Eternel Dieu face à face et lui parlait comme un ami parle à son ami. Cette pieuse étude convenait aux siècles de force et d'indépendance ; elle ne fut plus possible aux jours de colère et d'expiation. Depuis l'invasion de Nabuchodonosor jusqu'à celle de Titus, la langue sacrée n'est plus un instrument logique, une puissance de théurgie : c'est le lien des proscrits dispersés, le palladium de la foi, le garant de la nationalité, l'anneau du présent au passé, le gage de l'avenir, l'évocation du Messie vengeur ; c'est une arme dont il faut se hâter d'enseigner le maniement aux exilés que le bras d'impitoyables ennemis lance à travers le monde, aux quatre vents du ciel. La tradition massorétique complétement appréciée et rattachée à un résumé de la grande tradition, donnerait l'intelligence presque instantanée de la langue sacrée. Celui qui la possède peut comprendre au premier coup d'œil le *sens général* de tous les mots hébreux, sans les saisir dans leurs nuances délicates; comme le traditionnaliste parfait, il peut lire les livres de la loi et des prophètes. Les fils d'Israël ont-ils connu toute la puissance de leurs traditions au point de vue philologique? En ont-ils fait usage dans l'enseignement public ou privé? A quelle époque la grande tradition et la méthode d'initiation commencèrent-elles à tomber en désuétude, à se perdre dans l'oubli? L'histoire est muette à cet égard. Aujourd'hui il ne reste plus de leur antique puissance qu'un souvenir vague et confus, quelques lueurs entourées de fables bizarres et d'allégories mal comprises. La קבלה semble morte comme toutes les doctrines secrètes et verbales, comme la science mystérieuse des prêtres d'Ammon et d'Osiris, de Teutatès et de Hertha.

Mais soit que l'antique flambeau ait péri sous le boisseau sacerdotal, soit qu'il n'ait jamais reçu l'étincelle vivifiante, il peut s'allumer au foyer de la science, il peut encore répandre ses vives clartés sur les textes de la Bible et les rendre lumineux et vivants, non plus seulement pour les fils dispersés d'Israël, mais pour tous les peuples de la terre; non-seulement pour quelques années et quelques siècles, mais pour toujours.

Transcription de l'Arabe, du Persan et du Turc.

Dans les ouvrages de ce genre, il serait bon de placer les caractères étrangers en regard des lettres qu'on propose pour leur transcription; au lieu de mettre à côté de son système celui de tel ou tel savant, M. Lepsius y aurait fait figurer plus utilement les lettres originales. Ainsi, pour le Persan et le Turc, il est incommode d'aller chercher au verso des lettres arabes correspondantes, d'autant plus que leur ordre primitif a été complétement changé. Cet ordre primitif a sa raison d'être : il se rattache à l'histoire de l'art d'écrire ; ses variations, ses développements correspondent aux époques graphiques, aux progrès de la parole. Il y a des liens mnémoniques entre tous les syllabaires et tous les alphabets. C'est un moyen de simplification d'étude qu'il ne faut pas dédaigner.

Au sujet des alphabets *Nesky* se présentent deux difficultés auxquelles les transcripteurs n'ont pas assez pris garde ; ils pensaient avoir tout fait en trouvant pour chaque lettre étrangère un équivalent romain. Ce parallèle établi, il reste beaucoup à faire.

La même lettre ne représente pas, chez tous les peuples qui ont adopté un même alphabet, la même valeur phonétique.

Ainsi, dans le Turc, après chacune des 10 consonnes : ss (sad), sch, s, ch (khi), g, ts, tch, k, q, t ;

ba (be), B se change en P dans la prononciation, (djim), Dj, en TCH, — dal, D, en T, ta (te). — T, se change en D devant *mek*, — tsa (se) Th, en Z ou S, excepté dans *thult*, — d'had (dad), D, en Z, excepté dans *Kady*, *dyknefes*, *fodoul*, — thy varie entre T, TH, T ou D, — lam (liam) très-doux ou très-dur selon la racine, *Kalb*, cœur, *K'alb*, faux ; il se prononce N après N : *onnar*, pour *onlar ;* en arabe, comme toute lettre solaire suivante; liam elif se prononce *la* ou *lia*.

La prononciation des voyelles change également suivant la position des lettres. *Elif* a la valeur des voyelles *a*, *y*, *o*, *ou*, après une consonne dure ; il est *e*, *i*, *ö*, *u*, après les consonnes faibles. Si l'*elif* est suivi d'une lettre dure, son *ustun* se prononce *a*, son *esre* comme *i*, et son *ötur*u comme *o* ou bien comme *ou;* mais, si l'*elif* est suivi d'une lettre douce, le *ustun* devient *e*, l'*esre i*, et le *öturu ö* ou *u*. Au milieu et à la fin des mots, s'il n'est pas *hamzelif*, il se prononce toujours *a ;* s'il est *hamzelif* on le lit comme un double *ee*.

Le *ghaïn* des Arabes et des Persans n'est qu'un *g* guttural ou une *R* grasseyée à la manière des Provençaux et des Parisiens, tandis que chez les peuples de l'Afrique occidentale, c'est un *rh* plutôt qu'un *gh*, on le transcrit ainsi, ex. : *rhedheb*, s'irriter, *rhezala*, gazelle.

Il y a aussi une différence notable entre le *Kef* des Arabes, le *K* très-doux des Turcs et le *Kef* persan. Ce dernier se prononce comme un *g* dur en faisant entendre un peu un *i*, il diffère ainsi de *K*. Le sens varie suivant les prononciations : ainsi *K'er* veut dire *sourd* et *gu'er* signifie *si*.

A la fin des mots le *hé* ة arabe se prononce aussi *a ;* surmonté de deux points ة, il se prononce *at* ou *et* quand le mot suivant commence par une voyelle, et cet *at* ne doit pas être confondu avec *āt* par un *alif* (distinction admise par Volney et qu'il a signalée par un changement d'accent).

Souvent aussi une lettre ou un signe figure dans l'alphabet arabe et n'a que peu d'emploi dans la langue du peuple qui l'a adoptée ; ce fait se reproduit fréquemment dans le turc et le persan.

La forte gutturale de l'*aïn* (*a, y, ou*), est prononcée par les Turcs avec un *óturu* (9), comme *o, u, ou*. Les Turcs, pour la plupart, ne sont pas en état de prononcer l'*aïn* à la manière arabe, c'est-à-dire, tout à fait du fond du gosier, il n'y a que les érudits qui le prononcent bien et soient capables de ce qu'on appelle le *aïn tchatlatmak*.

Ces différences notables entre la prononciation et l'orthographe existent aussi, et d'une manière moins régulière encore, dans le français, l'anglais, le russe et le grec moderne.

Que doit faire le transcripteur en pareille occurrence ? Maintiendra-t-il l'orthographe en laissant à l'étude particulière de chaque idiome la détermination de la valeur des sons ? Mais, dans les langues qui ont adopté un alphabet étranger, le son est plus ancien et plus important que le caractère qui le représente.

Il faudrait donc préférer la reproduction du son à celle de la lettre.

M. Lepsius semble pencher pour ce parti, puisque, dans sa transcription hébraïque, il donne six lettres différentes pour indiquer les adoucissements des six fortes.

Mais si l'on admet ces changements dans les lettres, comment après cela pourra-t-on rétablir les textes originaux ? Que deviennent l'étymologie, l'indication des familles, le lien qui unit les racines à leurs dérivés ?

Il faut trouver un moyen de représenter à la fois l'orthographe étymologique invariable et la prononciation qui varie sans cesse.

Les peuples qui ont adopté les lettres arabes ont adopté aussi les points voyelles et les autres signes de lecture, auxquels la lecture du Coran les a d'ailleurs accoutumés.

Les Persans, dont la langue est regardée comme n'appartenant pas à la famille sémitique, ont les mêmes points voyelles et les mêmes signes orthographiques que les Arabes (à l'exception du Wesla, parce qu'ils n'ont point de Lam-elif). Les points voyelles leur sont aussi nécessaires qu'aux Hébreux et aux Arabes pour produire une prononciation exacte et pour éviter les équivoques : par exemple, les points voyelles peuvent seuls faire distinguer en persan, g'*ul*, rose, g'*il*, boue, g'*el*, teigne.

Les Turcs, qui ne sont pas non plus des Sémites, ont su employer habilement les signes de lecture avec l'*ustun* (fatà), l'*esre* (Kesre) et l'*oturu* (Zamm) ; ils représentent les voyelles longues et brèves au nombre de 6. Les hareket leur sont aussi nécessaires pour indiquer le sens ; sans le *djezm*, par exemple, on ne distinguerait pas *börk*, grand bonnet, de *börek*, mets farineux.

Les nunnations *tanwin* ou *tanouin*, furent d'un usage fréquent dans l'ancien arabe, et avaient pour but d'indiquer le nominatif, l'accusatif et l'ablatif ou datif indéfini, comme chez les Grecs, *os* et *on*, et chez les latins, *us*, *a*, *um*, etc. Aujourd'hui que l'arabe est revenu à une forme plus simple, les tanouin peuvent encore servir à plusieurs opérations philologiques et sont loin d'être des abréviations inutiles. On peut en dire autant du hamza (ء) qui avertit qu'il y a un *alif* absent ou transformé et sert à faire retrouver la racine, du Teschdid (ّ) qui apprend que la lettre est redoublée, du ouesla (ٱ) qui indique l'élision de l'alif initial du madda, extenseur de l'alif final, enfin du djezma ou Giezm (ْ).

La forme seule de ces signes accessoires aurait pu donner une idée de l'importance de leur rôle. Un peuple aussi ami de la célérité que l'Arabe, inventeur de la plus cursive de toutes les écritures, aurait-il sans motif imaginé un *hamza* deux fois plus compliqué que l'*alif* absent, un *teschdid* beaucoup plus long à tracer que toute lettre dont il indique le redoublement (puisqu'il a autant de traits que le *Sin* et force à lever la plume)? etc.

Volney connaissait en partie l'utilité des *tanouin*, il soupçonnait celle du *hamza*, il songea à les représenter, à faire graver pour eux trois poinçons particuliers. Mais il crut pouvoir abolir les *cinq signes* de lecture dont il ne connaissait pas l'utilité. Il comprit bien qu'il était nécessaire de représenter l'*alif* dans toutes ses modifications, afin de conserver dans l'alphabet transposé la distinction de l'*a* radical et de l'*a* motion. Il chercha à faire distinguer dans sa transcription les trois formes de l'*a* ouvert ou long, que l'arabe représente par cinq combinaisons graphiques.

Dans l'*allgemeine Alphabet*, l'*a* surmonté d'une barre est l'unique équivalent de toutes ces valeurs.

M. Lepsius n'a pas non plus distingué comme Volney, l'*alif kesre* du *kesre* seul, l'*alif domma* du *domma* simple. Enfin il a supprimé les cinq points grammaticaux.

Transcription du Sanscrit.

Avant d'examiner la transcription proposée pour ce qu'on appelle l'alphabet sanscrit, cherchons à connaître l'esprit qui a présidé à la création de ce remarquable système. Cherchons à résoudre les questions suivantes :

1. Pourquoi chacun des caractères du dévanâgari est-il lié à une ligne verticale s'attachant à une barre horizontale ou directement à cette dernière ?

2. Pourquoi les caractères qui représentent les quatorze voyelles initiales simples ou composées ne peuvent-ils être employés qu'au commencement d'un mot ?

3. Pourquoi le caractère consonne porte-t-il avec lui un *a* bref ou plutôt une sorte de faux *e* muet, comparée par Wilkins au scheva hébreu, et qui ne disparaît que par élision devant une autre voyelle ou devant le signe du mutisme ?

4. Pourquoi les signes de l'*e* long, de l'*aî*, le wisarga (ꣃ)

(:) *H*, l'anouswâra (—̇) ou (⊆) signe de l'*M* et de tout son nasal, la figure abrégée de l'*R* liée à la consonne qui la suit sont-ils placés au-dessus des caractères ?

5. Pourquoi les quatre formes des médiales longues *a*, *i*, *o*, *au*, sont-elles composées chacune d'un signe placé au-dessus de la ligne horizontale et d'un support latéral ?

6. Pourquoi l'*I* bref est-il anté-posé à sa consonne, contrairement à l'ordre de l'écriture sanscrite, à l'ordre ordinaire de la lecture ?

7. Pourquoi les trois autres formes médiales de voyelles brèves sont-elles placées au pied des caractères ainsi que le signe de l'*R* qui suit la consonne et que les longues *rī*, *lrī* et *oū* ?

8. A quoi bon indiquer une lettre qui n'est pas prononcée, telle que l'*M* indiquée par le point de l'anouswara, renfermé dans un demi-cercle ?

9. Pourquoi l'écriture dêvanâgari est-elle riche en groupes de caractères enlacés (les *p'hala*, au nombre de plus de 800) ?

Ces dispositions ne sauraient être le résultat du caprice individuel, d'une convention tout à fait arbitraire ; car le développement de l'art d'écrire est soumis à des lois certaines.

On ne peut supposer que ces modifications graphiques de l'ordre simple latéral de gauche à droite, avaient pour but la simplification et la rapidité de l'écriture : toutes sont plus longues à tracer que les lettres primitives latéralement disposées; les enlacements des *p'hala* sont difficiles à reconnaître et à retenir; la nécessité de lever à chaque instant la plume fait perdre un temps relativement considérable, et il faut du soin pour éviter la confusion, puisque chaque ligne est composée de trois lignes parallèles dont les deux inférieures ont des caractères de même ordre, qui ne diffèrent que par la grosseur. D'ailleurs la recherche de la plus grande simplicité possible des formes graphiques, appartient à une époque très-postérieure à la création des tables phonétiques; elle produit facilement des alphabets pareils à celui des *Vouguis* ou à ceux de nos essais de sténographie. Il suffit, pour les obtenir, de représenter chaque caractère par un trait simple; par une ligne droite ou courbe pouvant se lier facilement à celle qui la précède et à celle qui la suit; on peut encore supprimer les voyelles et recourir à des abréviations qui représentent les syllabes le plus fréquemment employées. Mais ces moyens imparfaits par lesquels l'écriture s'efforce d'égaler la célérité de la parole, appartiennent à une époque où il ne reste plus aucun souvenir de la valeur significative des caractères. Le dévanâgari n'offre aucune trace du désir de créer une cursive; mais, au premier coup d'œil, on est frappé du bel ordre qu'il présente, de son alignement rigoureux; on devine sans peine que les auteurs du système ont voulu concilier la clarté de l'analyse et la nécessité des détails.

Les réponses aux neuf questions que nous avons proposées sont contenues dans celle-ci :

Ce qu'on appelle l'alphabet sanscrit est un *syllabaire appartenant à la troisième phase de l'art d'écrire.*

Le sanscrit, comme toutes les autres langues, a été longtemps exclusivement monosyllabique et analytique. Les monosyllabes s'agglméraient sans crase pour former des propositions ; il n'y avait pas de syntaxe compliquée; l'ordre des mots déterminant les cas et la nature des parties du discours, un petit nombre de particules servait à indiquer les relations des idées. Le sanscrit était alors assez semblable, sous le rapport grammatical, au copte et au chinois, les deux plus anciens langages connus. Comme eux il était écrit hiéroglyphiquement. La cursive de ces antiques hiéroglyphes savamment réduite, amenée à un haut degré de régularité et à une élégance qui ne le cède en rien à l'alphabet des Hellénes, forma la plus ancienne table phonétique de l'Inde, le *Magadha primitif,* dans lequel les signes figuratifs sont encore très-reconnaissables.

A cette époque, un moindre nombre de sons devait être représenté, l'oreille des Indous n'avaient pas encore contracté cette délicatesse excessive qui plus tard imposa tant de règles euphoniques; dix sept cents monosyllabes ramenés à un petit nombre de racines formaient tout le vocabulaire. Les traces de cet état de choses subsistent dans les Védas. Ces livres sacrés, par leur construction simple, leurs phrases courtes, leurs mots souvent dépourvus de désinence grammaticale, leurs prépositions séparables, leur style énergique et rude, se rattachent aux premiers âges de la parole. Mais nous y trouvons d'autre part le commencement des flexions, de la distinction des paradigmes et de l'emploi des mots composés.

Le langage devint de plus en plus holophrastique ou agglutinatif; puis il ne tarda pas à se charger de contractions nombreuses : il en résulta un syllabaire extrêmement compliqué et confus, dont nous pouvons étudier la forme améliorée au commencement du vocabulaire *thibétain*.

Le syllabaire *thibétain* comparé à celui du *Magadha*, offre avec lui une telle ressemblance, qu'il semble n'en être que la cursive. Et c'est un fait qui vient à l'appui de cette assertion que le *pali*, qui porte encore, chez les Birmans, le nom de *Magada*, est l'ancien *Magadha* qui a cours encore aujourd'hui dans le *Behar*, patrie de Boudha.

Le *pali*, né en deçà du Gange, expulsé avec les doctrines boudhiques dont il était l'interprète, se trouva arrêté et fixé à sa forme définitive par son rôle exclusif de langue sacrée et scientifique ; tandis que, sur le sol natal, il continue à se développer et subit des altérations nombreuses par l'influence du sanscrit et des idées brahmaniques.

L'écriture *thibétaine* actuelle diffère totalement du *landza* que le roi *Srong-bdzan-gambo* introduisit en ses états (629 ans après J.-C.) ; elle offre au contraire une ressemblance frappante avec celle dans laquelle sont écrites les anciennes inscriptions boudhiques de l'Inde, et principalement celles de *Boudha-Gaya*.

Cette ressemblance a été si clairement indiquée par M. Abel de Rémusat, et si bien démontrée par les tableaux comparatifs de M. Schmidt (de St-Pétersbourg), qu'il est facile de se faire une idée de l'état de l'écriture au temps de Boudha et des améliorations que les brames voulaient obtenir en donnant à leur dévanâgari sa forme actuelle.

Il y avait dans l'ancien système des causes nombreuses d'obscurité et de confusion : la superposition de trois sortes de caractères dans une même ligne ; la dimension supérieure des signes accessoires tels que celui de la voyelle longue ; les consonnes groupées diversement entre elles l'une sous l'autre et prenant parfois des valeurs totalement différentes des valeurs primitives ; aucun moyen de reconnaître au premier coup d'œil le caractère principal, le déterminatif, le radical ; enfin il était difficile de séparer convenablement les mots.

Presque toutes ces difficultés disparaissent dans le système dévanâgari : une ligne horizontale est tirée au-dessus de la ligne médiale; tous les caractères principaux y sont attachés par le sommet, et, quand leur forme ne permet pas de les lier ainsi, ils sont fixés à une ligne verticale qui se rattache elle-même à la ligne horizontale; cette ligne verticale sert à la fois de support et de séparation aux signes qu'elle traverse ou qu'elle termine à droite. Par ce moyen, les groupes syllabiques deviennent parfaitement distincts, chacun d'eux est un tout qu'on lit séparément en commençant par le haut suivant une des dispositions fréquentes de l'ancienne écriture hiéroglyphique.

C'est pourquoi le signe du résonnement labial ou nasal (point ou petit zéro de l'anouswâra); le signe de l'aspiration (les deux points ou les deux demi-cercles du wisarga) ; le signe du grasseyement ou du roulement, l'R antérieur à la consonne, se placent au-dessus du caractère principal dont ils modifient la prononciation.

Les voyelles médiales longues se placent à côté du signe principal, voyelle ou consonne, seulement pour désigner ces voyelles sans trop multiplier les signes secondaires ; l'*e* long et l'*aï* sont superposés à la barre verticale de la consonne qui les précède, l'*i* bref est placé avant la consonne qu'il suit dans la lecture ; et il n'y a pas en cela d'infraction à l'ordre de la lecture, chaque groupe étant regardé comme un seul caractère.

Les signes des voyelles brèves et celui de l'*r* final se placent naturellement au pied du caractère principal ainsi que *rî, lrî* et *oû*.

L'*m* qui ne se prononce pas (indiquée par le point de l'anouswâra renfermé dans un demi-cercle), sert à faire retrouver la racine, à distinguer des homophones.

Cette disposition répondait dans l'origine à des modifications vocales plus fortes que celles de nos accents occidentaux et qui devaient avoir beaucoup d'analogie avec ces accents que les peuples de l'extrême Orient nomment, égal et clair, pénétrant et soutenu, émoussé et soutenu, descendant, montant, bref et rentrant, léger, profond ; équivalents des degrés de l'*imaleh* arabe.

Il y a une intention semblable dans les syllabaires éthiopien, abyssinien et amharique, où les signes des voyelles sont attachés aux consonnes de manière à former une espèce de gamme.

Une des plus remarquables propriétés de l'écriture dèvanâgari, c'est l'indication de la valeur relative des lettres doubles, triples et quadruples formant un seul groupe. Dès que deux lettres s'unissent, pour se confondre en quelque sorte dans un même son, ces deux lettres sont égales ou inégales : ainsi pour la prononciation du צ, le *t* et l'*s* ont dominé successivement chez les différents peuples sémitiques. Cette distinction n'est pas seulement utile à la rectitude de la prononciation, elle sert encore à faire connaître la racine.

D'ordinaire dans l'écriture sanscrite, les valeurs égales se placent latéralement dans le même groupe ; quand les valeurs sont inégales, la dominante est attachée à la ligne horizontale et la lettre faible est placée au pied de la dominante en caractère minuscule. Voilà pourquoi le même son est représenté tantôt de la première manière, tantôt de la seconde. Quand la transcription sépare et unit à la fois par un trait d'union les parties d'un groupe : ainsi ch-th-wa, h-r-ya, d-dh-na ; elle n'indique pas ce rapport de force entre les éléments combinés.

On peut dire, en général, que les transcriptions européennes ne sont pas encore complètes et rétablissent en partie l'ancienne confusion et les vices auxquels le système dèvanâgari, avait remédié. Ainsi :

1. Il n'est pas toujours facile de distinguer dans les mots composés l'*a* bref inséparable de l'*a* bref initial, l'*a* long médial de l'*a* long initial. Les voyelles de même valeur et de même quantité n'y sont pas suffisamment distinctes, puisqu'elles ne diffèrent en rien, quant au rang et au signe particulier de la prononciation brève ou longue.

2. Si l'*a* bref inséparable manque dans la transcription, rien ne dit s'il a été supprimé par contraction, ou par la présence dans le texte du signe du mutisme.

3. Le manque du signe qui rappelle l'*m* supprimée, empêche de retrouver les racines dont cette lettre est le caractère distinctif.

4. Enfin, comme nous l'avons dit, il n'est pas possible de distinguer la valeur respective des caractères réunis en un même groupe. On ne peut pas alors recourir au trait d'union, parce que son emploi doit être réservé à la division des mots composés en leurs éléments constitutifs ; sans cela on ne pourrait se reconnaître dans ces noms composés qui sont parfois d'une longueur effrayante pour un Européen. Je n'en citerai qu'un exemple, les noms sanscrits des quatre esprits du monde sans formes, selon la transcription du savant Abel de Rémusat :

1. Akâchânantyâyatanam,
2. Bidjñânânamtyâyatanam,
3. Akimtchabyâyatanam,
4. Neebasamdjñânâsamdjñâyatanam.

Il en est de plus longs : Paranirmatavachavartita (l'esprit puissant chargé de faire changer autrui).

L'étude des langues originales est-elle en général assez difficile pour qu'on ait recours à des transcriptions aussi péniblement établies que celles que nous venons d'examiner ?

L'histoire de l'écriture, en nous montrant la filiation des syllabaires et alphabets, simplifie beaucoup leur étude. — Telle forme, une fois retenue, se retrouve dans un grand nombre de systèmes graphiques : ainsi, sous la forme d'un cercle avec un trait ou point au centre, se trouvent figurés des sons identiques ou analogues en *magadha*, en telinga, en copte, en phénicien, en éthiopien, en grec ; la variation est peu sensible dans l'hymiarite et le thibétain.

On peut en dire autant du son *t*, dont les figures en magadha, en runique, en pehlvi, en samaritain, en guzarati, en mandchou, en birman, se rapprochent de la forme d'une pointe de flèche.

Souvent aussi il existe de grandes ressemblances graphiques entre un alphabet européen bien connu et un alphabet étranger ; il suffit de les indiquer pour faciliter l'étude de ce dernier.

Ainsi, il y a le plus grand rapport entre les lettres thibétaines suivantes et les lettres allemandes majuscules : le djia thibétain ressemble au *Dé*, le *ha* au *hâ*, le *Wa* au *Bé*, le *Za* au *tsett*, le *ba* à l'*ou*, l'*a* à l'*a*, le *ka* au *kâ* ; il y a de l'analogie entre le *gha* et le *ghé*, le *cha* et l'*ess*.

Quand on compare l'alphabet sanscrit à l'alphabet

allemand, on y remarque encore assez de ressemblance pour y trouver quelques appuis mnémoniques : l'*e* sans sa barre horizontale ressemble à l'*e* minuscule ; l'i long et l'i bref à l'*I* majuscule, le *Ri* à un R gothique, le *Kha* sans sa barre à un *cou*, le *ta*, le *tha*, le *da*, le *dha*, rappellent la forme du *T*, le Na est un N majuscule couché, le *pa* un pé retourné, le *ya*, le *sa* et le *cha* rappellent les traits généraux des majuscles allemandes correspondantes, le *ra* n'est pas sans rapport avec l'*err* minuscule. Quelques noms européens écrits en lettres sanscrites fixeraient facilement ces analogies dans la mémoire et simplifieraient l'étude du *dévanâgari*.

Un autre rapport aiderait à retenir les voyelles suscrites et souscrites et les signes accessoires de l'Inde : c'est la similitude qui existe entre elles et les points voyelles et grammaticaux des alphabets sémitiques.

Le signe des voyelles longues *e* et *aï* qui est placé dans le sanscrit au-dessus des consonnes, a, comme le *fatha* arabe, la figure d'une ligne oblique.

Le signe de la voyelle *ou* qui a la même valeur et la même figure en sanscrit (sans la barre horizontale) et en arabe, à peu près celle de notre chiffre 9 ou d'une virgule, est un véritable *domma* ou *dhamma* (cholem).

Les signes de l'i bref sanscrit ri et lri analogues à certains égards du signe arabe *kesre* ou *tseré* (chirik), se placent comme lui, au-dessous du caractère principal.

Le sanscrit et l'arabe ont également des signes accessoires qui représentent les lettres supprimées et servent, comme nous l'avons vu, à retrouver la racine. L'anouswara n'est pas sans analogie avec les *tanwin* ; le *djezma* l'*yer* russe, l'*ischmann* et le *roum* équivalent au signe sanscrit du mutisme. — On croirait que l'un des systèmes a été copié sur l'autre.

Transcription du chinois écrit.

Après la transcription des alphabets sémitiques et surtout des alphabets hébreu et arabe, la plus importante est, sans contredit, celle du chinois écrit.

La véritable nature et l'usage universel de ce système graphique sont aujourd'hui bien établis. L'opinion de quelques sinologues qui exagéraient la part du phonétisme, ne peut subsister en présence des affirmations de nouveaux témoins chaque jour plus nombreux et mieux instruits.

Le langage des livres est le même dans les dix-huit provinces de la Chine, quelque différence qu'il y ait dans la langue parlée d'une province à une autre. Cela vient de la texture pictoriale du langage écrit, chaque caractère représentant une idée souvent indépendante du son ; de sorte que les natifs de différentes provinces qui ne s'entendraient pas entre eux dans une conversation, ont la ressource de communiquer en écrivant. Quelquefois lorsqu'ils lisent un ouvrage chinois, s'ils ne peuvent se faire entendre, à cause de la diversité de la prononciation, il leur suffit de montrer le livre à leur auditeur, de quelque province qu'il soit.

Pour des centaines de millions de Chinois nous n'avons pas à étudier quatorze à vingt langues différentes, comme pour l'Inde anglaise.

Tous les livres de la Chine parlent une seule langue (Milne, *Vie réelle à la Chine*). Mais une immense difficulté se présente. Toute transcription est une sorte de parallèle ; une équation graphique ne peut s'établir qu'entre des écritures de même ordre.

Or les écritures du reste du monde et l'écriture chinoise n'ont aucune analogie ; Klaproth l'avait reconnu, il y a trente ans.

Les Chinois, disait-il, n'ont ni lettres, ni alphabet, ni orthographe.

Les caractères dont ils font usage n'ont aucun rapport, aucune nuance d'affinité avec nos lettres européennes. Celles-ci sont uniquement des signes de la parole ou des sons convenus par lesquels nous exprimons nos idées, nos jugements, nos sensations. Les caractères chinois suivent une autre marche ; indépendants de la parole qu'ils ne peignent pas, ils expriment immédiatement les idées et les affections de l'âme, de la même manière que les chiffres arabes, indépendamment des langues, indiquent et désignent les nombres, chez les peuples où ils sont connus.

Klaproth aurait pu ajouter, cette difficulté de transcription existe pour les Chinois eux-mêmes. Leur écriture ne peut avoir des équivalents exacts dans leur langue parlée.

Dans tous les idiomes le nombre des mots écrits est égal à celui des mots du langage parlé. Il n'en est pas ainsi dans l'extrême Orient; la langue écrite est infiniment riche et les sons, au contraire, ne s'élèvent pas au-dessus de 300, l'addition des cinq tons n'ayant pu donner que 14 à 1,500 prononciations différentes, il y a loin de ce nombre aux 9,800 caractères des *King* et aux 53,165 du dictionnaire de *Se-ma-kouang*.

Il existe donc un très-grand nombre de caractères ayant le même son et la même accentuation. Même à la Chine, cette homophonie cause souvent quelque embarras dans le discours, ce n'est qu'en écoutant attentivement la phrase qu'on peut en découvrir le vrai sens. Dans les discussions philosophiques, les lettrés recourent souvent à l'écriture. Dans la conversation ordinaire, l'adjonction du nom de la clef ou d'un terme synonyme empêche la confusion. Ce qu'on appelle des commentaires des livres saints n'est qu'une sorte de traduction, de développement des signes primitifs.

On comprend d'après cela combien la transcription des caractères chinois serait difficile, incomplète, insuffisante quand il s'agirait de reconstruire le texte primitif.

Chacun des caractères demanderait, à peu d'exception près, plusieurs mots pour le représenter, pour reproduire approximativement les figures, les définitions, les images et surtout l'accord des sons et des signes dans la forme idéo-phonétique.

Les mots ne pourraient indiquer les rapports qui résultent de la place occupée par les éléments d'un caractère composé, sans recourir à des particules qui n'auraient pas de correspondant graphique dans le texte chinois.

Le nombre des mots accentués étant inférieur à celui des caractères, un grand nombre de caractères différents et parfaitement distincts se trouvent confondus dans une seule traduction; si l'on ajoute à chacune de ces traductions imparfaites un mot distinctif, déterminatif ou synonyme, écrit autrement ou affecté d'un signe spécial, le texte sera noyé dans le commentaire.

D'ailleurs cette adjonction d'un mot synonyme n'est pas toujours facile ou suffisante, pour les termes de science et de philosophie religieuse.

Prenons pour exemple le simple titre du livre le plus fameux de la Chine la grande étude, TA-Hio (το altè studere) TA avec l'accent ' est la clef de la grandeur, ce mot signifie également *grand, grandir, surpasser, surgir, commencer,* placé devant un adjectif il peut signifier *grandement.* Son acception sera déterminée par la valeur de Hio (1), mais ce mot surmonté de l'accent bref, est l'unique représentant parlé de 16 caractères, ayant des significations entre lesquelles il n'existe, en apparence, aucun rapport; si nous ajoutons à hio, le

(1) Hio signifie s'efforcer, enroué, étudier, montagne qui a de grandes pierres, nourrir, soleil levant, bruit de l'eau agitée, sec, nourrir, regarder attentivement, bruit des herbes, rassembler, se moquer, mensonges, très-soigneusement, sorte d'oiseau.

nom du signe de sa classe, TSÉ, filiation, fils, héritier, le sens des mots TA-HIO ne sera pas suffisamment indiqué ; l'adjonction d'un synonyme signifiant étudier, n'indiquerait pas encore suffisamment le sens du mot principal et n'assurerait pas la possibilité de restaurer fidèlement le texte chinois.

On a dû cependant se contenter de ces transcriptions imparfaites ; les premiers européens qui abordèrent à la Chine, ayant reconnu que les caractères n'offrent que des types et des images, ont cru qu'il était impossible de les représenter par des lettres, et qu'il fallait se contenter de transcrire à l'aide de l'alphabet romain, les sons articulés par les Chinois pour exprimer chacun des caractères de leur langue écrite.

Cette impossibilité de transcription directe n'est pas absolue, le résultat qu'on n'a pu obtenir par des moyens insuffisants peut être conquis par des moyens plus logiques, et la civilisation européenne et la civilisation de l'extrême Orient ne seront pas privées de leur plus puissant moyen d'étude réciproque. Nous reviendrons à cette importante question (1). J'ai seulement voulu faire comprendre ici comment les Européens renonçant d'abord aux avantages inestimables de la transcription directe des signes graphiques, ont dû se contenter de reproduire les sons du chinois parlé.

(1) En traitant, dans un ouvrage spécial, des caractères équivalents et des synonymes chinois et du parti qu'on pourrait en tirer.

Transcription du Chinois parlé.

En fixant cette prononciation par le secours de nos lettres alphabétiques, les Portugais entrés les premiers à la Chine, formèrent leur orthographe de mots chinois, laquelle fut adoptée, à quelques modifications près, par les Espagnols, les Italiens et les Français.

Mais ces derniers n'ont pas vu que la lettre *n*, dans leur langue, n'a pas toujours le même son que dans les langues portugaise, espagnole et italienne. Dans celles-ci, le *n* placé à la fin des mots sonne toujours, il est constamment muet lorsqu'il termine les mots français, excepté dans quelques monosyllabes et dans quelques adjectifs très-courts suivis de substantifs qui commencent par une voyelle : bon ange, vilain homme, certain auteur. Cette différence de son a donné lieu à une double erreur dans notre manière d'écrire les mots chinois.

1° Les Portugais, pour éteindre le son de la lettre *n* à la fin des mots chinois où elle ne doit pas sonner, lui substituant leur *m* qui est muette, ils écrivent le fleuve *Iam-tsé-Kiam*, la dynastie *Tam*, l'empereur *Iom-tchim*.

Les Espagnols et les Italiens, par le même motif d'amortir le son de leur *n* final, ont imaginé de lui accoler la lettre *g*, ils écrivent le fleuve *Iang-tsé-Kiang*, la dynastie *Tang*, l'empereur *Iong-tching*.

Ces combinaisons grammaticales ont pu être des expédients utiles à ces peuples pour conserver dans leur langue la pureté de la prononciation chinoise ; mais quel besoin avaient les Français d'y recourir ? Pourquoi ont-ils adopté l'usage du *g* puisque leur *n* final n'est point sonore, puisqu'employé nu à la fin des mots chinois, il en exprime le véritable son.

2° Si la lettre *n*, placée à la fin des monosyllabes chinois est souvent muette, elle est aussi non moins souvent sonore. Dans ce dernier cas, les Portugais, comme les Espagnols et les Italiens, n'ajoutent rien à leur *n* final, qui sonne toujours, ils écrivent la dynastie des *tsin*, la dynastie des *han*, et prononcent *tsine* et *hane*. Le *n* français est dépourvu de cette désinence sonore ; mais il est facile de la lui donner, il suffit pour lui donner du timbre et du son de la faire suivre d'un *e* muet. »

Les Anglais ont adopté l'orthographe et l'accentuation des missionnaires espagnols et français. Mais ils ont naturellement attribué aux lettres romaines la valeur qu'elles ont en Angleterre. Ils écrivent *ch* pour *tch, sch* pour *ch* ou *sch*, etc.

Ils ont laissé subsister le g après le *n*, mais en avertissant que cette combinaison ressemblait à celle du *ng* final français isolé ou devant une consonne, ainsi que la prononciation du *ng* anglais de *hang*.

Il résulte de cette variété de transcription que le même mot est écrit de diverses manières et ceux de nos compatriotes qui ne connaissent pas les différents systèmes orthographiques des nations européennes ne peuvent reconnaître le nom chinois.

Ainsi, quand ils liront *Canhay, Xanghai, Zonghae,*

Shanhae, Shanghay, Changhaï selon la prononciation française, ils n'auront pas prononcé une seule fois le véritable nom : Chane-h'aie (1).

Par suite des relations nouvelles et croissantes de l'Europe et surtout de l'Angleterre avec l'extrême Orient, un grand nombre de nouvelles politiques nous arrivent par la presse anglaise ; nos journaux, nos revues, nos livres reproduisent les noms étrangers avec l'orthographe anglaise, c'est-à-dire, avec celle qui diffère le plus de la prononciation. De là, une confusion bizarre, souvent dans un même journal, le même lieu se trouve désigné par des noms différents, suivant qu'on a copié des articles allemands, anglais ou russes, et la plupart des lecteurs doivent penser que ces noms différents désignent chacun une ville distincte.

Quelques auteurs modernes ont supprimé le g final et proposé de distinguer les deux *n* en redoublant l'*n* sonore, ce moyen est moins simple que l'adjonction de l'*e* muet telle que l'a proposée Klaproth.

En rectifiant l'orthographe sino-française d'après le

(1) Comparer les transcriptions russe et anglaise des noms des ports ouverts aux Russes par le traité de *Tien-tsin*.

Shang-Kaï	Shangaï.
Nin-bo	Ning-po.
Fou-tschioo-fou	Foo-Schow-foo.
Sia-Myn	Amoy.
Gouandoun	Canton.
Taï-Wam-fou	Taï-Wan-foo.
Tsun-tchjou	Kian-chow.

système de ce savant, en tenant compte des observations de MM. Fréret, de Guignes, des Hauteraies et d'Anville, on obtiendrait un système de transcription satisfaisant.

L'*allgemeine Alphabet* propose de représenter le son du *n* français final par un trait tiré au-dessus de la voyelle, et l'*n* sonore par un point placé au-dessus de l'*n*. Ce moyen est encore moins commode en écriture cursive que celui de Klaproth. Sans inconvénient dans la transcription du chinois ; il a partout ailleurs, le défaut de représenter une lettre radicale par un signe accessoire.

L'*h* accentuée, équivalent du *ha* arabe, me semble une aspiration trop faible pour représenter l'aspiration chinoise qui se trouve au commencement d'un grand nombre de monosyllabes. Cette aspiration très-forte est en même temps gutturale; elle équivaut, suivant Klaproth, au son du *kh* ou du *gh :* Kang-hi, prononcez Kan-Khi.

Cette aspiration, suivant de Guignes, a dans ce cas de l'analogie avec le *j* espagnol, le χ grec, le *cha* arabe.

Il y a d'ailleurs une distinction à établir ; quand l'aspiration chinoise devant *a, e, o, ou* se transcrirait suffisamment par l'*ha*, cette lettre ne pourrait représenter l'*h* sifflée, le sifflement aspiré et sourd devant *i* et *u,* dans les sons *schi* et *schu*. Enfin cette aspiration rude ou douce inséparable de sa voyelle, bien que les Occidentaux la représentent par une lettre, est un véritable accent.

Puisque l'*ou* chinois est l'équivalent de l'*ou* sémitique

et du *ou* allemand, excepté dans les sons *Siu* et *iu*, dans lesquels il a le son de l'*u* français, il eût été bon de figurer la combinaison *iu* avec l'indication graphique de valeur exceptionnelle.

Ces imperfections sont très-légères en comparaison des difficultés que présente la question des accents toniques.

L'accent est un moyen de distinguer les syllabes homophones radicales, composées des mêmes éléments vocaux dans le chinois parlé, et des mêmes éléments graphiques dans les transcriptions. La variation des accents fait d'une seule syllabe autant de mots différents qu'il y a de tons; en y joignant l'aspiration il est possible de compter jusqu'à 13 manières de prononcer une même syllabe, et chacune de ces prononciations lui donne un sens différent. M. Lepsius n'a donc pas dû songer à supprimer l'accentuation chinoise, bien qu'il n'en fasse pas mention dans son tableau.

La suppression de l'accentuation amènerait une confusion inimaginable.

Mais si l'auteur de l'*allgemeine Alphabet* ne songe pas à supprimer l'accentuation chinoise, il sera obligé de créer un nouveau système pour désigner les tons, celui que les missionnaires portugais ont inventé, ne pouvant être employé concurremment avec les signes proposés pour la transcription universelle. En effet, comment distinguerait-on l'accent *chang-ping* du signe prosodique de la syllabe longue, l'accent *jy* du signe prosodique de la syllabe brève et du croissant placé au-dessus de la lettre *s* pour lui donner la valeur du *ch*. Comment savoir si l'esprit emprunté à l'écriture grecque indique une forte et rude gutturale chinoise ou s'il fait partie d'un signe du nouvel alphabet.

Puis, lorsque des accents toniques devront se placer sur des mots déjà chargés de points et d'accents la lecture deviendra extrêmement fatigante : ainsi dans le mot *Kin*, instrument de musique, il faudrait placer au-dessus de la lettre *i* l'accent HĪA-PÌNG, l'esprit rude, et le trait horizontal, qui, dans le projet de M. Lepsius, indique l'N final non sonore ; voilà trois signes accessoires et d'ordre différent sur une seule lettre voyelle. — Cette lettre, en d'autres mots, pourra avoir au-dessous un disque ou un tréma souscrit, il y aura ainsi quatre ou cinq accents faciles à confondre, car ils auront des formes graphiques semblables et occuperont les mêmes places, et cependant les signes, matériellement identiques, représenteront des sons tout à fait différents, puisque l'un indiquera une forte aspiration ; l'autre un son rude ; le troisième, une consonne ; le quatrième, un *n* latent ; le cinquième, un adoucissement de voyelle.

Le nouveau mode de transcription me semble, sous ce rapport, inférieur à l'ancienne orthographe des missionnaires portugais, modifiée suivant la langue de chaque nation. Et comme le français est d'un usage plus général dans le monde savant que tout autre idiome, je crois que l'orthographe sino-française, dégagée des vices produits par l'imitation ignorante et servile des langues néo-latines du midi de l'Europe, finirait par prévaloir dans le monde occidental. Un alphabet transcriptif, établi sur ces bases, serait très-utile aux journalistes, aux géographes, aux historiens, aux naturalistes qui pourraient, avec son secours, s'entendre entre eux lorsqu'ils auraient à nommer les villes, les hommes et les productions de l'extrême Orient. Ces avantages sont assez considérables pour que la question d'une transcription de ce genre soit digne d'attention.

Mais elle ne pourrait suffire aux exigences de la philologie comparée, à la rédaction des parallèles, des tableaux synoptiques, à l'investigation rigoureuse des racines.

Aucun des systèmes que j'ai énumérés ne peut donner du chinois parlé une fixation graphique tellement exacte que le mot écrit se distingue, au premier coup-d'œil, de ses nombreux homophones.

Comme je l'ai déjà dit, l'ingénieuse accentuation des missionnaires portugais est loin d'indiquer toutes les nuances de prononciation nécessaires à la distinction instantanée des homophones. Il en est un grand nombre que l'écriture n'a jamais essayé de représenter et qui échappent à l'oreille d'un étranger. Quand l'empereur *Kang-hi* fit rédiger par l'Institut impérial de Péking le grand dictionnaire national des caractères écrits et de la langue parlée, les philologues chinois comptèrent, dans leur idiome officiel seulement, *trente-six consonnes* et *cent huit* voyelles ou diphthongues radicales. Les Occidentaux, avec leurs accents, ont à peine atteint le nombre de 50 à 60 voyelles ou dipthongues.

L'*allgemeine Alphabet* ne peut présenter que 35 consonnes et 29 voyelles simples et composées, si on ne peut les multiplier par les accents, une consonne et 79 voyelles chinoises, 41 combinaisons du système vulgaire manqueront d'équivalents.

Pour l'intelligence de ce qui précède, je donne ici le tableau comparé des transcriptions chinoises suivant les Portugais et les Français.

Orthographe Portugaise.	Orthographe Française.
CH.	TCH.
E.	E, É.
Ė.	I ou Y.
G.	NG.
	Supprime G initial devant *oéy, ou.*
GH.	NG, avec *g* doux, ex. : *Ngé.*
H.	H rude ou aspirée devant les lettres *a, e, o, ou,* elle a le même son que le *j* des Espagnols.
H.	H sifflée ayant le son *sch* devant les lettres *i* et *u*, Hien, prononcez *Schien.*
IU.	U.
OUO.	oua.
VA.	oua.
SU.	ssé.

Orthographe Portugaise.	Orthographe Française.
Vo.	ouo.
Vû.	Oû.
Vy.	Ouèy.
U.	O.
Ū.	Yū.
Uen.	en.
Ul.	eul.
Un.	Oun.
Uo.	O.
Uon.	oen.
Uy.	Ouy.
X.	CH.
Y.	ey.
Z ou CS.	ts.
Zù.	tse.

Les lettres F, J, K, L, M, N, O, P, S, T, V, se prononcent de la même manière.

Comme la plupart des nouvelles de l'extrême Orient arrivent par la province de Chang-Haï, il me semble utile d'y joindre le tableau comparatif de l'orthographe française et de l'orthographe anglaise, telle que M. *James Summers* l'a donnée pour le dialecte de cette contrée.

Anglais.		Français.
i sounded like	*ee*, in *feet*.	i (fite).
e	*ay*, in *lay*.	ē (lé).

	Anglais.	Français.
a	*a* in *ah!*	
o	*aw* in *law.*	o (lau ou lâ).
o	*o* in *no.*	ô (nô)
u	*oo* in *root.*	ou (route).
ü is like the French *u* in l'*une.*		u.
ö.	German ö in können. or French *œu* in *sœur.*	œu.
a	*u* in gun, or *ur* in *cur.*	ueu (*gueune*).
k is like k in *kite.*		K, (kaïte).
g	*g* in *gate.*	g dur, (guéte).
ch	*ch* in *church.*	tch, (tcheurtche).
j	*j* in *jaw.*	DJ, (djâ).
t	*t* in *till.*	T.
d	*d* in *do.*	D.
p	*p* in *put.*	P.
b	*b* in *but.*	B.
s	*s* in *sin.*	S.
sh	*sh* in *shin.*	CH ou SCH, (Chine).
z	*s* in *raise.*	R.
zh	*si* in *vision.*	Zj, (vizj'eune).
l	*l* in *like.*	L.
m	*m* in *may.*	M.
n	*n* in *no.* when final it merely nazal izes the vowel preceding; except. when that vowel is *ü*, in which case it is	N.

	Anglais.	Français.
	sounded as, *n* in *no*, *run*.	
r	*r* in *merci* (French).	R.
ng	*n* in *bon* (French).	N final.

f, *v*, *w*, *y* are to be pronounced as in Englisch.

Au sujet de l'utilité de la transcription du chinois, voici quelle est l'opinion de M. Milne, auteur de *la vie réelle à la Chine*.

« J'ai déjà parlé d'un système consistant à rendre la langue chinoise en caractères romains. Ce système a été essayé dans nos écoles. Il consiste, comme cela se comprend, à rendre les sons chinois en caractères romains et à écrire des livres avec ces mêmes caractères. Mais ces essais valent-ils le temps, la dépense et le travail qu'on y emploie. Est-ce là une méthode convenable pour faire le plus de bien dans le moins de temps possible? Les enfants n'auront plus le temps d'apprendre la langue de leurs propres livres dont l'étude est si longue. Au résultat, l'écriture chinoise *romanisée* servira tout au plus à une portion infinitésimale de la population chinoise, qui s'élève à trois cent soixante millions d'âmes. Les élèves formés à ce système ne pourront nous rendre de services auprès de la masse de leurs concitoyens. L'innovation ne peut aspirer à renverser l'antique langue des livres ; elle ne peut réformer l'idiographie stéréotypée de la Chine ; elle rend les jeunes Chinois qui l'ont apprise inutiles dans leur pays, soit comme marchands, soit même comme simple commis. Elle leur ôte leur individualité de Chinois sans leur donner l'autorité de professeurs européens. Pourquoi adopter, encourager et poursuivre cette méthode? En outre n'est-ce pas prodiguer le temps et les talents des missionnaires? Il est possible que le système proposé semble beau à quelqu'un disposé à l'indolence et à la paresse, mais il ne séduira pas quiconque veut travailler utilement dans ce pays; il faut s'attaquer à la langue chinoise avec les caractères qui lui sont propres, sous toutes les formes, il faut parvenir à écrire de manière à être lu de la masse. »

Ces observations sont très-justes; mais il ne faut rejeter aucun moyen d'étude et de communication; il faut au contraire les augmenter. Je me suis efforcé d'y parvenir. L'étude du chinois écrit est sans contredit indispensable. Il deviendra intelligible à tous les hommes de science par l'*analyse* de ses caractères, analyse dont j'ai déjà montré les résultats dans mes recherches sur les animaux et les plantes de l'extrême Orient inconnus en Europe. Il est nécessaire que les noms européens passent dans la langue chinoise sans y porter le désordre, sans devenir méconnaissables, sans perdre la propriété d'être ramenés à leur forme originale; j'ai rédigé un alphabet chinois phonétique à l'aide duquel tous les noms étrangers peuvent être régulièrement transcrits. La transcription en caractères romains doit être améliorée, simplifiée et non pas abolie. Il faut qu'en même temps le chinois écrit devienne accessible aux lettrés d'Europe par la décomposition de ses caractères philosophiques ; que le chinois parlé devienne accessible aux masses par la voie de l'enseignement vulgaire, et qu'enfin des moyens nouveaux, tirés de la nature même des moyens de communication, facilitent au plus haut degré l'étude réciproque des peuples.

Difficulté de la transcription des langues de l'Afrique australe, de l'Amérique et de l'Océanie.

La première cause de l'imperfection des essais d'alphabet universel est l'espoir de compter les sons de la voix humaine dans toutes les langues du monde.

L'étude des langues monosyllabiques de seconde formation détruit cette erreur. Aucun des systèmes que j'ai énumérés ne peut suffire à la fixation graphique du chinois parlé, c'est-à-dire, à une transcription complète et telle que le mot écrit se distingue du premier coup d'œil de ses nombreux homophones.

L'accentuation ingénieuse des missionnaires portugais n'est pas suffisante, il existe un nombre très-considérable de mots chinois, qui, avec la même orthographe et le même accent tonique, ont des significations tout à fait différentes et même entièrement opposées, ainsi le mot HY, avec le même accent *chang-ping*, signifie *joie*, *douleur*, prendre, espérer, éclat du soleil, soupir, clarté de la lune, rôtir, peu, félicité, vinaigre, espoir, trahison, l'empereur Fo-Hy, etc.

Volney n'a appliqué son système qu'à l'hébreu et à l'arabe, M. Lepsius n'a appliqué le sien qu'à cinquante et quelques langues, et il faut en transcrire des milliers pour arriver à créer, non pas un alphabet universel, mais un instrument d'étude et de comparaison des formes du langage, un point de départ pour l'œuvre difficile de représenter par des lettres romaines les idiomes des peuples sauvages. Les systèmes graphiques les plus complets, le dêvanâgari lui-même seraient souvent insuffisants. Ces alphabets sont l'œuvre d'une civilisation déjà ancienne et d'une époque à laquelle une foule de cris naturels, d'onomatopées fidèles et d'accents énergiques avaient déjà péri par l'atténuation successive. Ces voix sans nombre des langues primitives, ces échos puissants de la nature entière ne peuvent entrer dans le cadre étroit des phonographies des âges postérieurs. Parmi les milliers de langues qui n'ont pas encore été transcrites, combien d'obstacles imprévus ? Que de fois il faudrait comme pour l'illmorma, le cafre et le hottentot inventer des signes nouveaux pour des valeurs inconnues ? si les clappements des sauvages de l'Afrique australe ont obligé M. Lepsius à leur accorder quatre figures spéciales, à quel nombre de caractères s'éleverait l'*allgemeine Alphabet*, quand l'auteur aurait parcouru le cercle entier de ses applications sur plus de trois mille langues et de cinq mille dialectes ?

De Brosses est en ce point supérieur à ses successeurs, il a cherché *un moyen graphique propre à représenter toutes les combinaisons possibles de la voix humaine.*

C'est de là qu'il faut partir, c'est la première et indispensable condition.

La seconde cause de l'imperfection des essais d'alphabet universel c'est la confusion des systèmes graphiques d'ordre différent. Dans le problème d'une écriture universelle il y a trois degrés bien distincts :

1° Ecrire à peu près avec les caractères d'une langue les sons d'une autre langue.

2° Indiquer à la fois la prononciation de telle ou telle époque et celle de l'orthographe étymologique invariable.

3° Indiquer la valeur grammaticale des mots, faciliter le dégagement de la racine ; et par là, faire de l'écriture un moyen puissant de simplifier l'étude des langues.

Le premier terme de ce problème a été mille fois résolu dès la plus haute antiquité, mais les savants européens n'ont pas encore été plus loin. Ceux qui ont eu quelque idée de la nécessité d'avoir une orthographe conforme à la prononciation n'ont rien trouvé de mieux que la proposition naïve et impossible à réaliser, d'abolir l'orthographe étymologique.

Les savants Hébreux, Arabes et même Indous étaient parvenus, il y a des siècles, à résoudre ces difficultés qui passent encore pour insolubles chez les occidentaux. Toutes les parties de leurs systèmes graphiques relatives à cet art ingénieux devaient échapper aux Européens.

Quant au troisième degré d'un alphabet universel, c'est-à-dire, celui qui fait de l'écriture un moyen de simplifier l'étude des langues, de supprimer l'épellation, de découvrir la racine, de distinguer le rôle de chaque mot dans la phrase, le degré des acceptions, les nuances des homophones; c'est une science encore inconnue en Occident, et tout ce qui a été imaginé dans ce but par les brahmes, les rabbins, les massorétes et les ulémas est plus inintelligible en Europe que le reste des méthodes orientales.

Qui donc empêcha des esprits pénétrants et studieux comme celui de Volney, de chercher la raison d'être des signes accessoires des écritures orientales et de découvrir, par analogie, le moyen le plus puissant de simplifier l'étude des langues hybrides, qui, telles que le français, l'anglais et le russe n'ont pas une prononciation conforme à l'orthographe? C'est la vanité qui porte les Européens à se considérer comme supérieurs en toute chose aux barbares habitants du reste du monde.

Le bon goût et la raison attestent, dit Volney, qu'aucun fonds d'instruction solide et de science positive n'existe dans les productions de l'Orient, l'histoire n'y récite que des fables; la poésie que des hyperboles; la philosophie n'y professe que des sophismes, la médecine que des recettes, la métaphysique que des absurdités, l'histoire naturelle, la physique, la chimie, les hautes mathématiques y ont à peine des noms. L'esprit d'un Européen ne peut que se rétrécir et se gâter à cette école, c'est aux Orientaux de venir à celle de l'occident (1).

(1) Je reproduis cette citation déjà faite dans mon *traité de la*

Le fait suivant se rattache à cette étude incomplète ; *les langues les plus importantes de l'Europe n'ont point de transcription réciproque dans l'allgemeine Alphabet.* Cependant la transcription de plusieurs langues qu'on s'étonne de ne pas rencontrer dans un essai d'alphabet universel est indispensable aux recherches de la philologie comparée, recherches dans lesquelles les familles des langues helléniques, celtiques, slaves et altaïques occupent un rang très-considérable. Comment dans une étude générale, dans un parallèle de toutes les formes de la parole, négliger le grec et le latin, idiomes sacrés et classiques des nations européennes, le français, langue universelle de la diplomatie et des lettrés européens, l'anglais et le russe qui dominent dans les plus vastes empires du globe. Dans ces langues, la prononciation n'est pas conforme à l'orthographe et c'est précisément pour cela qu'il faut trouver un moyen graphique d'indiquer à la fois l'orthographe étymologique invariable et l'orthophonie variable.

Prenons pour exemple la transcription du grec ; le lien qui existe entre *vox* et βοή, *volonté* et βουλή, *vado* et βάω n'est pas apparent pour celui qui prononce le β comme un b français ou allemand, tandis que ce rapport deviendra évident dès que le caractère indiquera, par sa forme même, que le β a, comme le ב, une pro-

simplification de l'étude des langues, parce qu'elle me semble l'expression la plus complète de cet orgueil qui s'oppose à l'étude réciproque des peuples.

nonciation qui tient le milieu entre celles du B et du V. — Les changements de valeur que subissent les lettres doivent aussi être indiqués avec le plus grand soin, tous peuvent être nécessaires à la thématologie, à la découverte de la racine, à l'histoire du mot. Dans le grec, il faudra que la forme du ΓΓ ou de ΓΧ indique les valeurs ΓΚ, ΝΓΚ ou *ng*, il faudra indiquer la transformation de ΓΓ en ΝΓΓ devant Ν, Ρ; la légère aspiration du Δ; les changements de Ν en Γ devant Γ, Κ, en Γ nasal devant Χ, en Μ devant Μ, Β, Π Φ, Ψ. — Les transmutations suivantes ne seront pas non plus négligées, Π en Β après Μ πάμπαν, *pamban*, πέμπω, *pimbô*, τὴν πόλιν, *timbolin*. Σ devant Μ en Ζ, (en S français entre deux voyelles), devant Β, Γ, Δ, Λ, Ν, Ρ; T en D après Ν πάντων, *pandôn*.

Il ne sera pas moins indispensable d'indiquer la prononciation des diphthongues AI comme E ou Æ latin, d'EI comme I, du H comme EI, É, ou I. Quand dans les diphthongues ΑΥ, ΕΥ, la lettre Υ doit avoir le son du Β grec ou V latin, devant les lettres Λ, Μ, Ν, Ρ, Β, Γ, Δ, lorsque devant toute autre consonne Υ prend le son du φ, *f*, ces variations doivent être signalées. Une bonne transcription du grec détruirait en partie les inconvénients de la prononciation érasmienne et simplifierait l'étude des langues en conservant les traces de la filiation des mots, un seul exemple, pour Εὐαγγέλιον, avertissez dans la transcription (et cela sans multiplier ou changer les lettres) qu'il faut *évanguélion*, vous voyez clairement le rapport du terme grec avec *evangelium*, *evangelio*, *évangile*.

Les exigences de la transcription sont les mêmes et plus grandes encore pour les langues européennes que nous avons énumérées. L'œuvre est difficile surtout pour le français, pour l'anglais et pour le russe, mais la diffusion croissante de ces langues dans le monde entier, rend désirable la simplification de leur étude, et l'un des meilleurs moyens d'obtenir cette simplification est, comme je l'ai établi dans un autre mémoire, l'indication exacte de l'orthographe étymologique et de la prononciation, aujourd'hui, je ne puis qu'insister encore, sur cette nécessité. La solution que je proposerai demande des développements particuliers et se rattache à celle d'une autre question : quel est le meilleur moyen d'obtenir une phonographie complète et rigoureuse?

Elle se rattache aussi à une question que j'ai posée dans le *tse-fa* et qui est la réciproque de la proposition de Volney; c'est-à-dire, la transcription en caractères orientaux des langues occidentales et surtout du français; car c'est le français que transcrivent, le plus souvent, les Arabes africains, les Turcs et les Persans.

Enfin, cette concordance de l'orthographe et de l'orthophonie servira de transition à l'*étude comparée des racines,* à la recherche et au classement des racines communes à toutes les langues. Elle se confondra avec cette *graphonomie comparée* qui facilite au plus haut degré l'étude des alphabets.

Ces différentes publications ne sont pas des œuvres séparées, mais les chapitres d'un seul et même ouvrage, les développements réguliers d'une seule et même science ayant pour objet de simplifier l'étude des langues en manifestant l'*unité féconde cachée sous la diversité infinie des formes verbales et graphiques*. C'est encore à elle qu'appartiennent deux livres actuellement sous presse : *Des Animaux et des Plantes de l'extrême Orient inconnus en Europe*. — *De l'Immortalité de l'Ame et de l'unité de Dieu dans les livres de Moïse et de Job*. Le premier ouvrage établit l'utilité de l'analyse des caractères chinois; le second prépare à la simplification de l'enseignement de l'hébreu et des langues sémitiques. Les idées nouvelles ne peuvent marcher que lentement en s'appuyant à chaque pas sur des faits matériels.

Conclusion.

J'ai voulu présenter l'ensemble des travaux relatifs à l'alphabet universel, faire apprécier la valeur des systèmes graphiques de l'Orient, et enfin, après avoir dit tout ce qu'on avait fait, indiquer ce qu'il est indispensable de faire encore.

On s'est borné jusqu'à ce jour à transcrire en lettres européennes tel ou tel alphabet étranger. On a obtenu dans cette entreprise des résultats satisfaisants, mais qui doivent recevoir encore des améliorations nombreuses avant de permettre la transcription régulière d'un petit nombre de langues. A l'aide de cette transcription, l'étude de quelques littératures orientales sera répandue en

Europe, la bible se propagera chez quelques peuples sauvages dont les idiomes pourront être assez clairement écrits. C'est déjà beaucoup, sans doute, mais il ne faut pas s'arrêter là, je le répète. Au-delà de ce vaste domaine, il existe une carrière immense et inexplorée vers laquelle entrainent invinciblement les progrès de l'étude réciproque des peuples et l'aspiration à une existence commune, au sein d'une même civilisation.

Il ne s'agit pas de créer un alphabet nouveau, mais de trouver la loi générale du rapport des signes de la pensée avec la pensée elle-même.

Cette idée a des conséquences incalculables, — si nous admettons que la forme des caractères de l'écriture n'est pas arbitraire, qu'elle a sa raison d'être, qu'elle procède de l'hiéroglyphe successivement figuratif, symbolique et phonétique, il sera possible de déterminer les causes qui ont fait de telle ou telle forme linéaire la représentation de tel ou tel son. A l'aide de cette science nouvelle, l'étude des alphabets devient facile, l'aspect original des caractères étrangers loin d'être un obstacle devient un puissant moyen de comprendre et de retenir la valeur des lettres.

De là et par un simple progrès de l'art graphique (sans créer des signes nouveaux), on arrive à la solution des quatre problèmes qui sont la condition des progrès de la philologie comparée et de ses importantes applications :

I.

A la transcription des langues occidentales en caractères étrangers ;

II.

A l'indication simultanée de l'orthographe et de l'orthophonie ;

III.

A l'indication du nombre infini des sons du langage spontané, du cri et de l'onomatopée primitive ;

IV.

Au dégagement, au classement des racines primitives communes à toutes les familles glossales et par elles à la simplification générale de l'étude des langues.

TABLE DES MATIÈRES.

Nancy, imprimerie de veuve Raybois et Comp.

www.ingramcontent.com/pod-product-compliance
Ingram Content Group UK Ltd.
Pitfield, Milton Keynes, MK11 3LW, UK
UKHW021121260726
13994UKWH00002B/954

9 782329 311197